新木青年
社会创新教育实践

The Guide to Public Benefit for Greater Bay Area Youth

大湾区青年

公益漫游指南

新木青年 丁韡 · 著

中国经济出版社
CHINA ECONOMIC PUBLISHING HOUSE
·北京·

图书在版编目（CIP）数据

大湾区青年公益漫游指南 / 新木青年，丁韡著. --
北京：中国经济出版社，2024.5
ISBN 978-7-5136-7589-5

Ⅰ. ①大… Ⅱ. ①新… ②丁… Ⅲ. ①青年志愿者行
动 – 研究 – 广东、香港、澳门 Ⅳ. ① D432.6

中国国家版本馆 CIP 数据核字（2023）第 220283 号

策划编辑　姜　静
责任编辑　王西琨　马伊宁
责任印制　马小宾
封面设计　任燕飞装帧设计工作室

出版发行　中国经济出版社
印 刷 者　北京富泰印刷有限责任公司
经 销 者　各地新华书店
开　　本　880mm × 1230mm　1/32
印　　张　7.5
字　　数　159 千字
版　　次　2024 年 5 月第 1 版
印　　次　2024 年 5 月第 1 次
定　　价　58.00 元
广告经营许可证　京西工商广字第 8179 号

中国经济出版社　**网址** http://epc.sinopec.com/epc/　**社址** 北京市东城区安定门外大街 58 号　**邮编** 100011
本版图书如存在印装质量问题，请与本社销售中心联系调换（联系电话：010–57512564）

谨以此书纪念我们共同走过的出版之旅

纪念青年的公益梦想

纪念青春的耕耘时光

纪念在世界留下此印记

特别致谢

本书出版获得

深圳大学公益创新专才班、

公益慈善创新创业人才培养基地资助，

谨表谢意！

特别致谢

三千次感谢

新木志愿导师
高级产业研究员　卢正源老师
深圳市慈善事业联合会副秘书长　施楠老师

新木志愿者
深圳大学：陈佳怡、陈炼星、陈思杭、陈思宁、
陈晓儿、蒋弘佳、文斌、张迈
北京大学国际法学院：岳敏

科学审读：北京航空航天大学公共管理学院 李健教授
法律顾问：北京金诚同达（深圳）律师事务所 郑丹妮律师

华中农业大学
深圳市华中农业大学校友会
深圳实验学校校友会

对本书出版相关工作的专业付出和大力支持！

（注：以上排名按首字母排序，不分先后）

FOREWORD I 序言一

当青春与公益相遇

今年深圳大学出了一部招生宣传片《青春命题》，在网络上引发了热烈的反响。片中有一句话让我印象深刻，“人为什么总是怀念青春？因为生命中的荡气回肠，大多会发生在那个时期”。高校青年，正是青春之朝阳，最有可能冲破枷锁，探索生命的各种可能性。而青春与公益相遇，会发生怎样的化学反应呢？我认为最少有三个方面。

其一，打开一扇窗，洞察社会的多层次性。公益的本质是通过社会力量整合社会资源，有效地解决社会问题或者创造社会价值。参与公益，不仅让青年关注社会生活中光鲜亮丽的一面，也引导他们去探寻容易被忽视的角落，包括留守儿童、独居长者和其他弱势群体及边缘群体，也包括环境保护、能源消耗和气候变迁，还包括动物福利、文化保育、性别平等及贫富差距等更广泛的社会议题，让青年在这个实践过程中加深对社会系统复杂性的认识。

其二，结识一群志同道合的小伙伴。有效解决社会问题，不能依赖个人的激情或者倔强，而是要善于链接社会的、市场的和政府的力量，以团队乃至网络的方式共创社会价值。如果怀揣真诚之心持续地关注和尝试解决某一社会问题，我相信在前行的路上会有越来越多的小伙伴聚集在身边，朝着相同的方向一起奔跑。深圳大学益才班与新木青年结缘，也是始于双方对青年公益创新的共同兴趣，这本《大湾区青年公益漫游指南》涉及的几次调研活动中，不少益才班学生作为新木青年志愿者深度参与从研究设计到数据收集分析的过程。双方在多次公益项目合作过程中建立了坚实的合作伙伴关系。

其三，让生命体验更为丰富。公益是外在的，也是内在的，参与公益在改变社会的同时也在改变自己。如何让自己短暂的一生过得充实而有意义，每个人都有自己的选择。无论是追求财富、名望抑或权力，在公序良俗和法律法规界限内并无高低对错之分。而我想说的是，给予比索取让人有更强的幸福感。帮助他人、服务社会，可以填埋内心的欲壑，不再为无止境的物欲追求而焦虑，从而让人活得更为通透和自在。当然，公益并非燃烧自己、照亮他人，而是在力所能及的范围内为需要帮助的人搭一把手或者为美好社会建设尽一分力。

从事公益事业，尤其是“公益＋科技”“公益＋商业”“公益＋艺术”等社会创业活动，对于高校青年来说仍然是新鲜的事情，但是从这本《大湾区青年公益漫游指南》中我们欣喜地发现，粤港澳大湾区高校的青年代表们，不仅对社会创业概念有着较为清晰和深刻的认知，同时已迈开步伐以各种方式投身公益创新实践，并积极尝试运用专业知识和技能解决社会问题。这本指南通过若干次扎实的问卷调查和深度访谈，首次全面清晰地勾勒了大湾区青年参与公益实践的画像，以丰富的数据给我们呈现了大湾区青年对公益的思考、行动和期待，也让我们对未来持续推动社会创业教育有了更强的信心。

我们原本毫无瓜葛、平行游荡，却在此刻共享公益。期待今后有更多的有志青年关注和投身公益创新领域，让青春留下更为绚烂的印记。

深圳大学公益创新专才班发起人

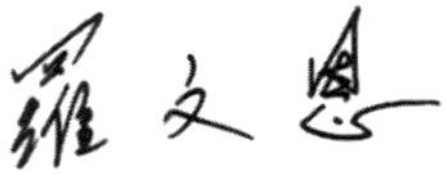

2024 年 3 月 13 日

青年同行，殊途同归

与人和新木青年的相遇要追溯到2020年。与人自2012年成立以来，以资助为基石，以青年需求为导向，持续探索动员青年参与公益的良方。

2020年，新木青年带着Z世代公益实践调研项目找到我们，双方可以说是一拍即合，开展了第一次合作。一方面，新木青年是一个成立于2019年的初创团队，创始人思桐从商业领域“跨界”而来，对公益有着自己的理解与期待，雄心勃勃想要在公益圈大展身手。我们很开心看到这样有着丰富经验的青年团队投身公益，也非常愿意支持他们快速成长起来。另一方面，新木青年当时的调研项目与我们的想法不谋而合，新一代高校青年作为新生力量，由于其成长环境已与互联网深度连接，公益参与偏好也在发生变化。我们迫切想要了解这批年轻人的公益参与意愿及动机、参与角色与方式偏好，以期更好地引领他们实践公益，为社会贡献一点力量。

在这份调研报告里，新木青年对深圳地区高校学生进行基础摸查，通过问卷方式收集了1000名高校学生公益参与投入程度、动机、形式等信息，分析整理出青年公益参与现况与需求，帮助关注青年发展的机构对Z世代有更具象的了解及为后续业务提供参考方向。

自2020年开始，在新冠疫情影响下，青年就业率持续走低，高校毕业生面临严峻的就业挑战。2021—2022年，与人再次携手新木青年，探索青年公益创业与就业的机会点，联合发布“深圳高校青年社会创业白皮书”及“深圳高校青年公益人才发展需求调研白皮书”，希望为即将毕业的大学生多提供一种就业选项。两份报告呈现了青年对于社会创业及公益就业的意愿、阻碍或促使其参与的因素等调研数据，并为社会组织、高校给出引导青年参与的若干路径，为公益行业人才培养提供了有力参考。

通过三期调研项目的合作，我们见证了新木青年从公益新苗逐渐成长为护荫青年发展的成熟组织，从一开始的公益参与情况基础摸查到后续的关注青年就业问题，新木青年一直沿着青年发展的链条逐步深入，体现出青年群体的“洞察力”与青年服务的“执行力”。很欣喜看到新木青年将调研数据出版成书，也冀望这些调研成果能让读者了解青年参与公益的更多可能性，未来有机会与我们共同行动起来。

祝愿新木青年炽燃前进、精益求精，持续为青年公益的发展添砖加瓦。

广东省与人公益基金会

2024年3月9日

PREFACE | 前言

尊敬的读者朋友：

您好！请允许我用信件的形式说一说写在前面的话。当您翻开这一页时，即翻开了一个“草根”青年组织四年的历史。

2020 年初，我和一群“95 后”“00 后”用自己的力量为海外防疫物资运输项目提供解决方案。我既意识到青年可以发挥作用来为社会做出切实贡献，也在思索这样鲜活的群体如何理解和定义“公共利益”，如何看待自身和“公共利益”的关系，在公益实践领域有着怎样的诉求和期待。

这一个个问题将一群志同道合的青年人及相关指导老师聚集在一起，一年一期特定主题，一代代接力面向高校青年展开调研。调研遍布深港澳三地超 30 所主要高校，近 4000 份问卷涵盖基础公益实践、社会创业、公益领域职业发展、深港澳三地公益特点及文化交流等多维度内容。这不自觉启发我们萌生想法：是否可以基于以往的调研数据和大湾区视角，重新梳理并呈现我们对深港澳三地高校青年参与公益实践的分析与总结，通过数据洞悉高校青年群体作为“人”本身，其关于公共利益与自我成长、商业与公益、社会创新与教育实践等多维度的所思所为，尝试形成一幅大湾区青年公共利益全景图？

至此，本书应运而生。正如书名所示，当您随着书的篇章脉络阅读时，仿佛漫步于大湾区青年的公益创新世界。而新冠疫情在为社会带来阵痛和改变的同时也让我们进一步思考：人们如何在这样充满不确定性的历史背景下选择在公共利益领域倾注心力？于是，我们的品牌栏目《新木青年说》围绕调研和新木社区开展了一系列访谈，希望针对这个问题探索出一些有益反馈。

区别于调研数据演绎，这些访谈为读者朋友提供了更加有血有肉的青年创新成长真实故事。访谈对象背景各异，您可以通过他们姓名下方的简介清晰地看到从参与新木各类项目到接受访谈时，在和新木共同走完一段充满意义的创新探索之旅后，他们如何开启独一无二的人生成长奇遇，诠释着新木青年的取意：新生之苗，参天树木。这也再次呼应新木和本书的初心：广泛联合社会资源，培养青年底层逻辑思维和创新实践能力，促成个人价值实现和公共利益推动的双赢，让一切积极意义最终回到“人”身上，从而在人文和数据的层面共同呈现大湾区青年公共利益全景图的完整构建。

此外，《新木青年说》栏目特别策划将深港澳三地青年对谈收录于本书，交流青年在不同的成长阶段关于公共利益领域的实践经验和独立思考，共享青年向善的认同感和建立同辈情谊的渴望。期待这场高质量青年对话让您感受到大湾区活力热情、团结友爱、创新进取、开放包容、兼收并蓄的国际化风采。

本书历经多次修订，几番惊险，耗时两年零三个月得以完成。这一切离不开新木出版项目导师及成员的不懈付出，离不开罗文恩老师的雪中送炭和相助之恩，离不开与人基金会多年的持续资助，离不开李健老师的细细审读和严格把关，离不开丹妮律师的保驾护航，离不开母校及校友会的鼎力支持，更离不开各位业界前辈的真诚推荐。本书凝聚了一代代新木青年及相关导师、合作伙伴、行业前辈数年的共同努力。穷尽言语亦难诉感激之情，唯有做好内容，不忘初心，才不负此行。

这本书是新木青年和我的第一本书，属小众类目，得到中国经济出版社老师的鼎力支持，实属万分幸运。内容如有偏颇之处，请读者朋友多多批评指正，我们也热烈期待着未来在大湾区、在更广阔的天地、在青年社会创新教育实践之路与您携手同行。

新木青年创新社区创始人　丁韡（丁思桐）

2024 年 3 月 6 日夜

CONTENTS | 目录

重要导读提示

本书粤港澳大湾区范围：粤港澳大湾区中的广东（粤）地区数据全部来源于深圳。本书调研数据为新木青年系列调研原创所有，调研结果仅供参考。

本书深港澳内容划分：基于调研需求的变化，新木系列相关调研对象的范围也在相应调整。2020—2022 年调研主体为深圳高校青年，2023 年调研主体为港澳高校青年，故本书第一至第三部分为深圳高校青年内容，第四部分为港澳高校青年内容。“深圳高校青年参与公益实践的画像与期许”对应本书第三部分第十一章的内容，“港澳高校青年参与公益实践的画像与期许”对应本书第四部分第十六章的内容。

《新木·2023 港澳高校青年公益实践调研白皮书》首次系统地将高校青年在公共利益领域的实践行为划分为非专业公益实践、专业公益实践、职业公益实践三种类型并尝试给出明确定义。同时本书基于 2020—2023 年调研数据及分析，根据高校青年在公共利益领域实践深度的递进及高校青年逐渐走向社会的不同阶段特点，基于该分类展开论述。

非专业公益实践：参与者在不涉及或极少涉及自身专业特长领域的技能或知识运用下，以无偿帮助他人、增加公共福利为宗旨的公益行动。如公益金百万行、粉红健康跑、卖旗等。

专业公益实践：参与者以个人或团队形式，运用专业技能为某些社会问题提供解决方案的公益行动。如“粤港澳大湾区”慈善山区之行数据海算法大赛等。

职业公益实践：参与者长期参与公益领域相关职业，在公益领域就业或进行社会创业。如在喜憨儿洗车中心就业等①。

深圳大学公益创新专才班：深圳大学公益创新专才班创立于2015年，是深圳大学政府管理学院依托行政管理专业开设的旨在培养公益创新创业人才的特色班，使命为“播散公益种子，助推跨界创新”。截至2023年7月共开设九届，累计培养270余位学生。

公益慈善创新创业人才培养基地：由深圳市民政局和深圳大学于2023年10月共同创建，属于国内首个地方政府部门与高等院校合作共建的公益慈善双创人才培养基地。基地立足公益慈善事业人才培养需求，发挥双方在公益慈善人才培养和创新创业教育上的优势，从“开展公益慈善教育与人才培养理论研究”“培养跨学科公益慈善双创专业人才”“建立公益慈善双创实习实践体系”“挖掘培育公益慈善双创品牌项目”“开展公益慈善文化与交流活动”五大方面，推动打造高层次、高质量的公益慈善人才培养平台。

---

① 喜憨儿洗车中心成立于2015年，由创始人团队打造“心智障碍者洗车服务”的商业运营模式。截至2023年底，“喜憨儿”已在全国开设37家洗车中心，为超过400名智力障碍人士提供就业机会，累计为超过10万台车辆提供洗车服务。

第一部分

深圳高校青年的公益世界

关键词：深圳高校青年；公益实践

摘要：高校青年虽然未正式踏入社会，但也具有强烈的社会参与感，希望承担更多的社会使命，在社会治理中发挥越来越大的作用，他们在公益领域已经逐渐搭建起属于自身的世界。

第一部分从深圳高校青年（本部分简称高校青年）参与公益实践的角度，结合新冠疫情背景，以深圳高校青年为例，通过调研数据，对高校青年认识和参与公益实践的情况进行深入分析，在此基础上对未来粤港澳大湾区公益实践活动的设计、宣传、联动以及社会创业组织的建设提供智力支持。

本部分内容基于新木·2020 年深圳高校青年公益实践调研数据，侧重于“公益实践领域”，致力于探索高校青年的公益世界。文中首先解释公益的概念，而后视角逐渐转向高校青年，了解他们对公益的理解和思考，洞察他们的实践行为，进而描绘出高校青年参与公益的具体画像。

本部分调研回收问卷共计 1000 份，有效问卷 862 份，有效率达 86.2%。各高校样本构成情况如图 1～图 3 所示。

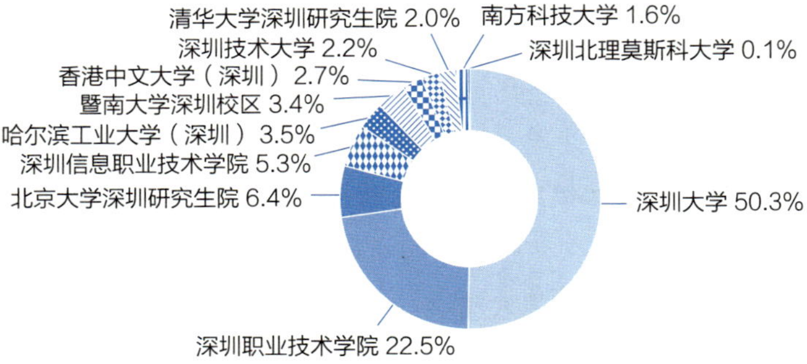

图 1　各高校样本的回收情况

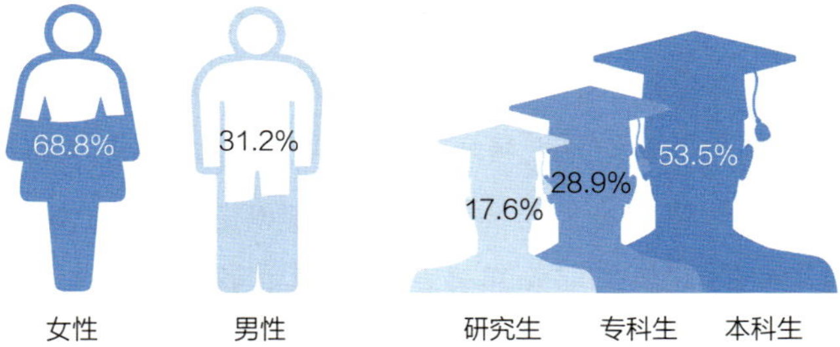

图 2　各高校样本的性别和学历占比情况

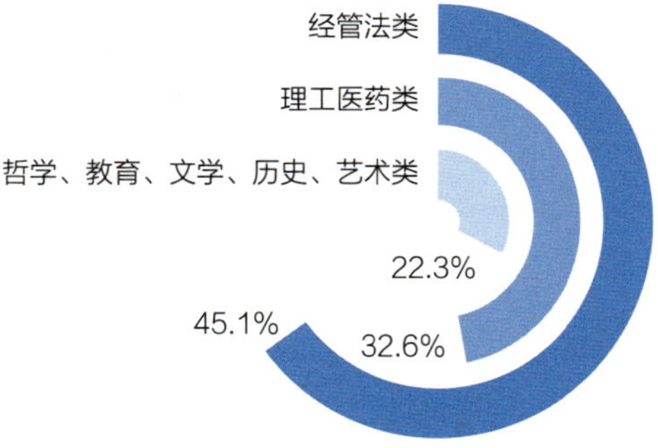

图 3　各高校样本的专业分布情况

第一章
深圳高校青年公益实践的现状分析

一、深圳高校青年参与公益的动机

爱因斯坦说："兴趣是最好的老师。"这句话意在告诉大家，兴趣作为一种动机，可以成为一个人努力的强大动力。因此，在研究高校青年的公益参与情况之前，应该先探究他们参与公益的动机，从而为后续的研究奠定基础。

2020 年调研数据显示，高校青年对于"希望帮助他人"这个动机具有最高的认同度，认同度达到了 73.4%，说明高校青年在参与公益实践时利他主义动机占据了最主要的地位，他们在面对是否参与公益实践的问题上更倾向于从帮助他人的视角去衡量；"获得义工时认证"和"自我成就和价值实现（锻炼个人能力）"两项在参与动机中也具有较高的认同度，分别为 59.4% 和 58.3%。

以上三项是高校青年过去参与公益最主要的三大原因（见图 1–1），并呈现利己和利他的双重特点。值得注意的是，"学校组织 / 动员"作为第四大原因，也反映出学校公益实践的相关倡导和推动行为对高校青年参与公益起到较好的促进作用。

除了上述四个原因之外，其余动机的认同度均小于 20%。其中“解锁专业学习外的知识和技能”和“提升所学专业的相关技能”认同度仅为 7.5% 和 2.9%，在所有选项中占比最低，对高校青年参与公益产生的影响较小。

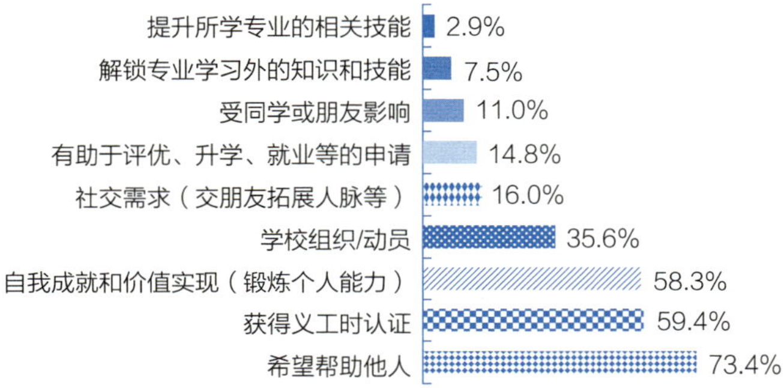

图 1-1　出于各类动机参与公益的人数占比（多选题）

二、深圳高校青年获取公益信息的方式

动机是高校青年参与公益实践的内在基础。此外，高校青年还需要相关的信息渠道将内在动力转化为实际行动。根据 2020 年调研数据，微信群、朋友圈与微信公众号是高校青年获取公益信息的主要渠道，占比分别为 73.5% 和 71.4%（见图 1-2）。

高校青年获取公益信息的来源主要是校内（见图 1-3），排名前三的信息源分别为校内各级义工组织（占比为 73.4%）、校内学生社团（占比为 42.3%）、校内各级学生会（占比为 36.7%）。相比之下，校外信息源（校外公益慈善组织、校外其他机构）占比总和仅为 20.8%。

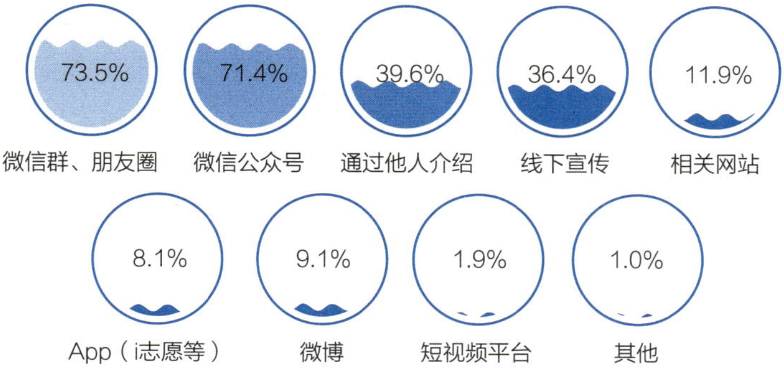

图 1-2　通过不同媒介获取公益信息的人数占比（多选题）

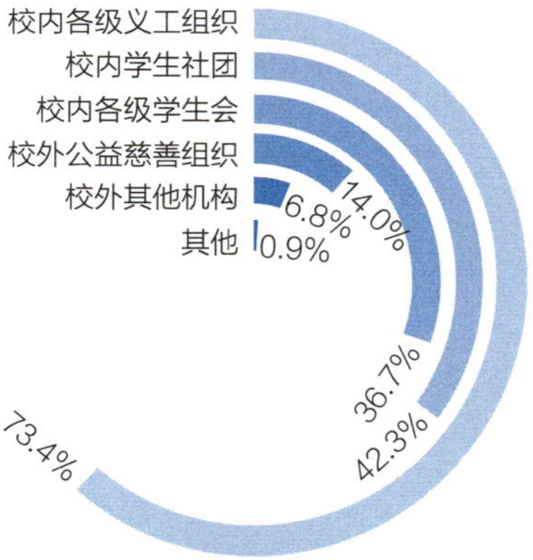

图 1-3　公益信息发布组织的占比情况（多选题）

综合来看，高校青年获取公益信息拥有较多渠道，但也受限于当下主流社交媒体的使用，在获取公益信息渠道方面主要通过微信平台（如朋友圈、微信群、公众号）；而在信息发布主体方面，校内组织则占据了主要地位。

三、深圳高校青年公益实践现状

实践是一切动机的落脚点。在明晰了高校青年的公益参与动机以及信息获取渠道后，则需要全面了解他们参与公益实践的真实情况。根据对调研数据的统计与分析，所有统计样本中有公益实践经历的高校青年为655位，占比达到了76.0%；没有公益实践经历的高校青年为207位，仅占24.0%（见图1–4）。

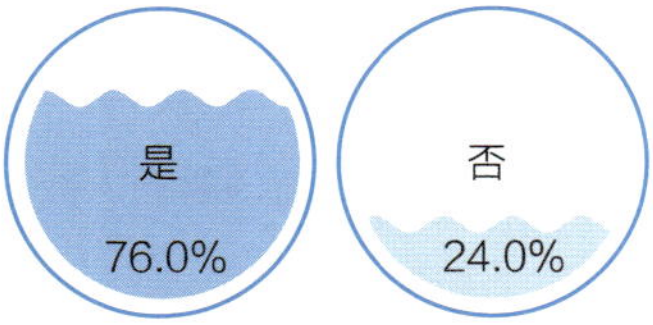

图1–4　在校期间是否有公益实践经历

以下将以是否参与过公益实践为分类标准，尝试分别对两类高校青年的参与现状和未参与原因进行探究。

（一）参与过公益实践的高校青年

1. 参与情况概述

2020年调研数据显示，高校青年参与公益实践的形式较多体现为成为较大型活动的志愿者（占比为74.4%）、在水滴筹/轻松筹等平台捐赠（占比为43.5%）、四点半课堂/支教（占比为33.6%）等。而策划/执行公益活动/项目（占比为24.9%）、社会企业/公益机构岗位实习（占比为19.8%）、专业机构的项目志愿者（占比为18.5%）则相对较少（见图1–5）。

从上述参与情况可以看出，高校青年更愿意参与时间周期较短、形式更为灵活的公益实践活动。

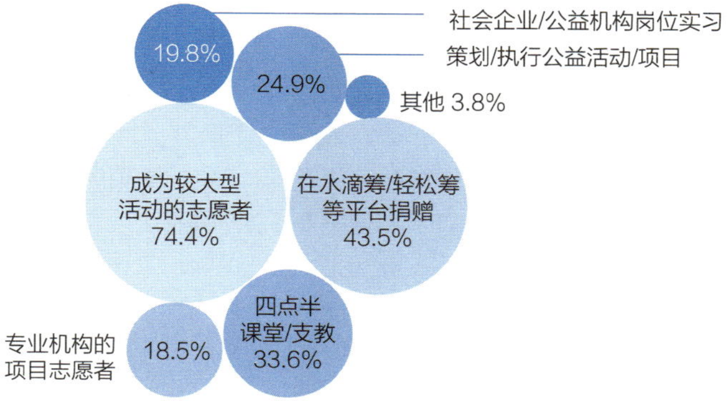

图 1-5　参与过的公益实践形式（多选题）

2. 参与周期与投入时间

从高校青年参与公益实践的形式调查结果可知，高校青年主要参与短期公益实践（占比为 65.6%），较少参与长期公益实践（见图 1-6）。而与之相匹配的调研数据显示，87.5% 的高校青年每周投入 1~3 小时在公益实践上，每周投入 4~6 小时的占比很少，而投入 7 小时及以上的更是凤毛麟角（见图 1-7）。说明绝大多数的高校青年每周投入公益的时间较少，这也印证了调研数据中多数人仅愿投入较少的时间和精力这一现状。

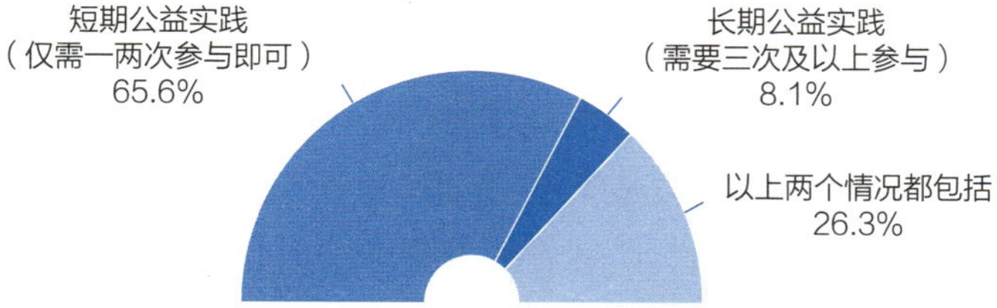

图 1-6　参与公益实践的周期类型

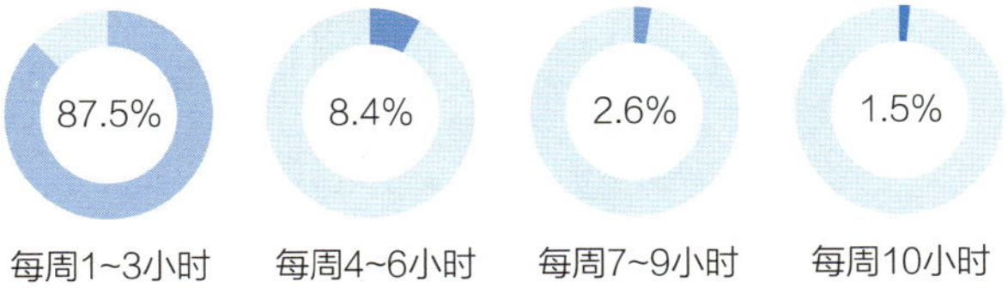

图 1-7　平均每周投入公益的时间

3. 实践体验

为了解参与公益实践的高校青年感受（见图 1-8），调研中采取了李克特五分量表，评分范围为 1 分到 5 分。其中 79.4% 的高校青年对过往参与公益实践的整体感受给出了 4 分及 4 分以上的评价，整体的平均值为 3.99 分。由此可以看出，大部分高校青年对于过往参加的公益实践有较好的整体感受。

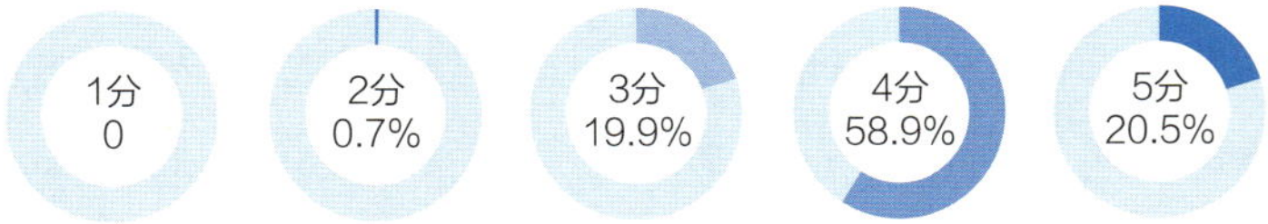

图 1-8　过往参与公益实践的感受

4. 公益实践过程中专业知识 / 技能特长使用情况

在有公益实践经历的 655 位高校青年中，运用到专业知识或技能特长的有 291 位，占比为 44.4%，没有运用到专业知识或技能特长的有 364 位，占比为 55.6%（见图 1-9）。其中，社会企业 / 公益机构岗位实习、策划 / 执行公益活动 / 项目、专业机构的项目志愿者运用专业知识或技能特长的比例位居前三。

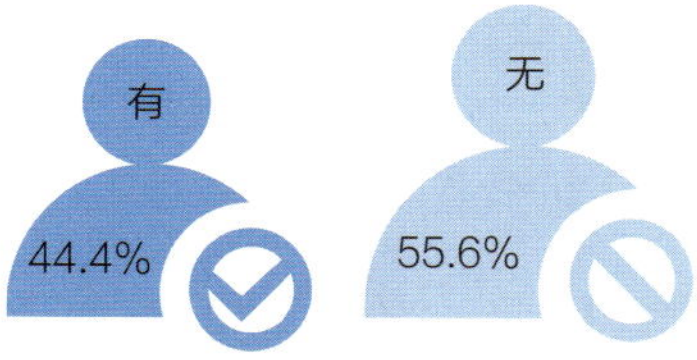

图 1-9　是否运用专业知识 / 技能特长参与公益实践

5. 专业公益实践的体验感

"获得的成就感、价值感更大"是高校青年参与专业公益的首要感受，占比 63.2%。此外，"专业知识 / 技能特长得到提升，学习爱好两不误"（占比为 61.5%）、"更加激发参与公益的兴趣"（占比为 53.6%）和"由于参与的程度更深入，自己的付出对结果产生更显著的影响"（占比为 52.9%）三个选项占比均超过 50%（见图 1-10），也是在公益实践活动中运用了专业知识或技能特长的高校青年的主要感受。

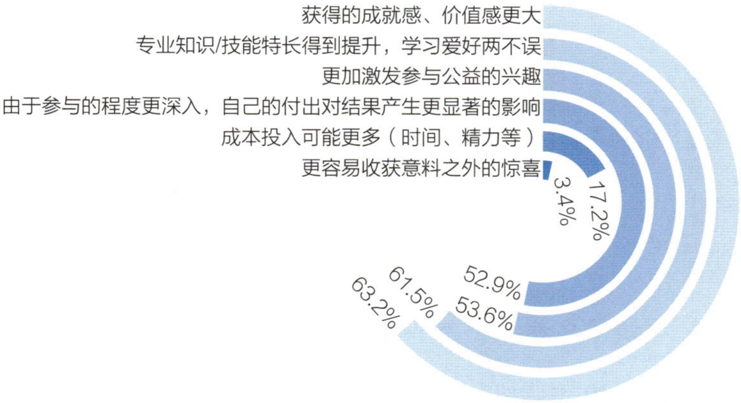

图 1-10　专业公益实践带来的不同感受（多选题）

（二）未参与过公益实践的高校青年

1. 过去未参与公益实践的原因

2020 年调研数据显示，“有兴趣但没渠道了解或参与”（占比为 77.6%）是高校青年过去未参与公益实践的首要原因（见图 1–11），“时间和精力投入过高”（占比为 38.8%）也是阻碍高校青年参与公益实践的重要原因。

值得关注的是，“对相关机构不信任”（占比为 31.3%）和“对公益不太感兴趣”（占比为 19.4%）这两项在高校青年过去未参与公益实践的因素里也占据了一定的比例。由此可见，如果能通过教育宣讲等方式提高高校青年对公益的认知，改善公益实践项目的专业程度，或许能够改善高校青年参与公益的情况。

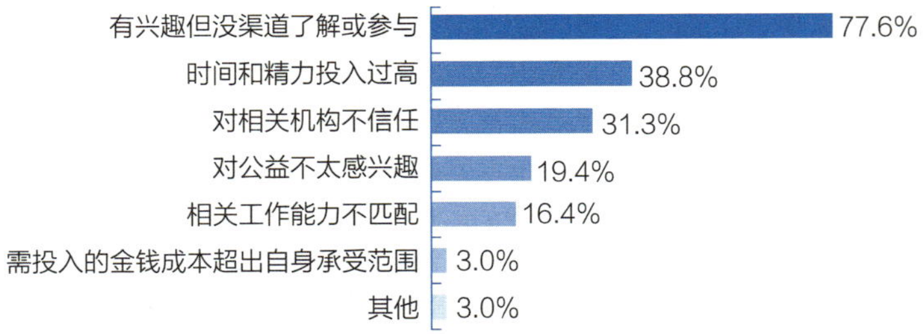

图 1–11　过去未参与公益实践的原因（多选题）

2. 后续考虑参与公益实践的可能性

根据 2020 年调研数据（见图 1–12），如果对上述不参与因素的现状加以改善，样本人群后续参与公益实践的可能性会有显著提高，选择 3 分及以上的人群合计占比为 96.1%。

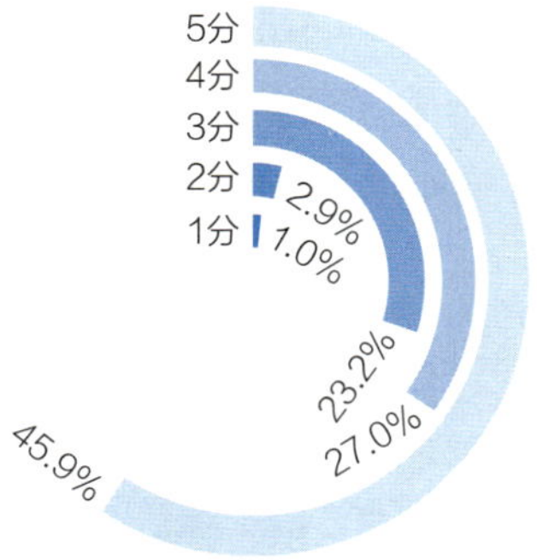

图 1-12　后续考虑参与公益实践的可能性（分越高可能性越大）

由此可见，如果提高公益实践相关参与信息在校园渠道和微信平台的传播效率（如通过高校青年常浏览的校园公众号、个人微信号、志愿社团等传播），提供形式丰富、周期适中的参与方式，那么高校青年后续考虑参与公益实践的可能性会有较大程度的提高。

四、深圳高校青年公益认知

认知是促使人们进行价值判断、是否要做出行动乃至评判的依据，树立对公益的正确认知，将有助于高校青年积极参与到公益实践中去。高校青年对于公益的认知很大程度上决定了其公益行为偏向，了解高校青年的公益认知情况有助于指导青年开展公益实践。

（一）对公益的理解

在对“公益”的理解中，高校青年对于“为某个社会问题（例如污染、贫困、教育不平等）提供解决方案”具有相对高的共识，占比为 50.5%（见图 1-13），反映了高校青年除了参与体验公益活动外，越来越关注公益相关问题的改善能否得到有效的落地解决，重视系统性、专业化地推动公益发展。

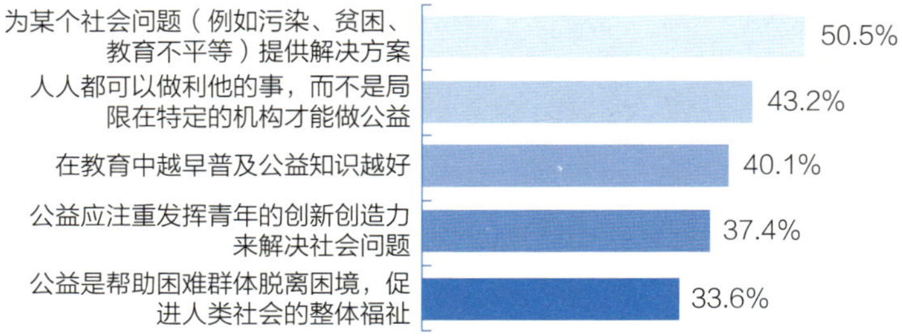

图 1-13　高校青年对公益的理解一（多选题）

对于公益主体，其广泛性得到了高校青年的认可，有 43.2% 的高校青年认为“人人都可以做利他的事，而不是局限在特定的机构才能做公益”。对于公益教育，“在教育中越早普及公益知识越好”（占比为 40.1%）成为占比第三的选择，反映出有不少高校青年认可公益教育的必要性和迫切性。

同时，在高校青年心中，青年的创新创造力在发展公益事业、解决社会问题的过程中是不可或缺的（对应选项占比为 37.4%），体现了高校青年较强的公益意识和主人翁精神，渴望自己成为推动社会公益事业前进的重要力量。

值得注意的是，运用所学的专业知识或特长参与到公益实践中成了高校青年的公益诉求之一（对应选项占比为 27.6%，见图 1-14）。结合实际情况分析，不难看出这是一个双赢的方式。高校青年在公益领域将专业知识学以致用，参与公益的同时将实践活动和专业学习有机结合，更能体现自身独特的价值贡献，同时也能促进专业学习；对于公益活动而言，专业的志愿者能帮助提升志愿服务的质量与效率。

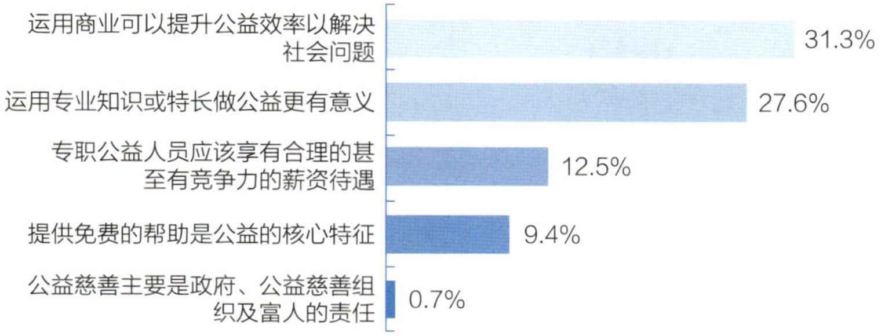

图 1-14　高校青年对公益的理解二（多选题）

整体而言，从以上调研数据中发现，大多数高校青年能认识到公益实践的社会性以及公益实践方式与内容的多样性。很多公益实践就在日常的行动中，即使在无组织的情况下，人人也都能够参与公益实践活动。此外，现代公益实践形式与内容正朝着专业化的方向发展，在高校教育期间引入相关课程和实践有利于帮助高校青年塑造科学的公益理念。

（二）对开设公益课程的态度

对于学校是否应该开设公益领域的教学课程（见图 1–15），59.2% 的高校青年认为开设公益课程是有必要的，希望学校能开设相关的课程，而有 2.1% 的高校青年持中立态度。由此可见，绝大部分高校青年对于开设公益课程持正向态度并有所期待。

图 1-15　对开设公益相关课程的态度

（三）参与公益实践活动的意愿

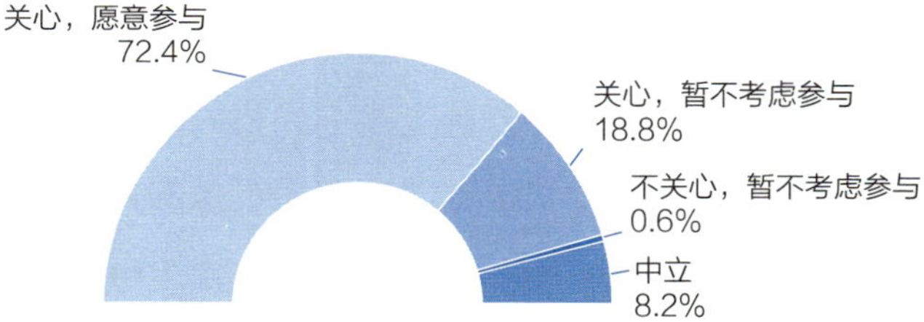

图 1-16　高校青年关心公益及参与相关实践活动的意愿

在涉及是否关心公益及参与相关实践活动的问题上，72.4%的高校青年选择了关心且愿意参与，也有少数高校青年选择了关心但暂不考虑参与（占比为 18.8%）、中立（占比为 8.2%）、不关心且暂不考虑参与（占比为 0.6%）（见图 1-16）。在绝大部分高校青年都关心、认可公益实践的情况下，结合之前关于开展公益课程的积极反响，开展公益课程有助于向高校青年普及公益知识，提升高校青年对公益实践活动的了解和认可，将对公益的关心和认可落实到实际行动中，从而实现高校青年更高的公益参与度。

第二章
2020 年新冠疫情期间深圳高校青年公益实践分析

一、2020 年新冠疫情期间深圳高校青年的公益实践情况

（一）2020 年新冠疫情期间参与公益实践的情况及原因

根据对 2020 年新冠疫情期间高校青年参与公益实践情况的数据统计（见图 2-1），参与公益实践的高校青年人数为 180 人，占比 20.9%，未参与公益实践的人数为 682 人，占比 79.1%。由此可见，有一部分高校青年在此期间依然参与了公益实践，但更大一部分群体没能参与到相关公益实践中。

图 2-1　2020 年新冠疫情期间高校青年是否参与公益实践

① YES：意思为是。——编者注
② NO：意思为否。——编者注

从调研数据可知，在面临新冠疫情风险的情况下，高校青年公益实践的参与度有所下降，其主要阻碍因素除信息获取途径较少之外，还增加了对个人健康因素的担忧（见图 2-2）。这是由于 2020 年新冠疫情初期，社会对于应对新冠疫情的发展缺乏准备，组织有效的志愿服务体系对接抗疫需求缺口的工作并不到位，相应的医疗安全保障措施等还存在缺陷，加上公众对新冠疫情缺乏完整的认识，造成高校青年在新冠疫情背景下参与公益实践的意愿减退。

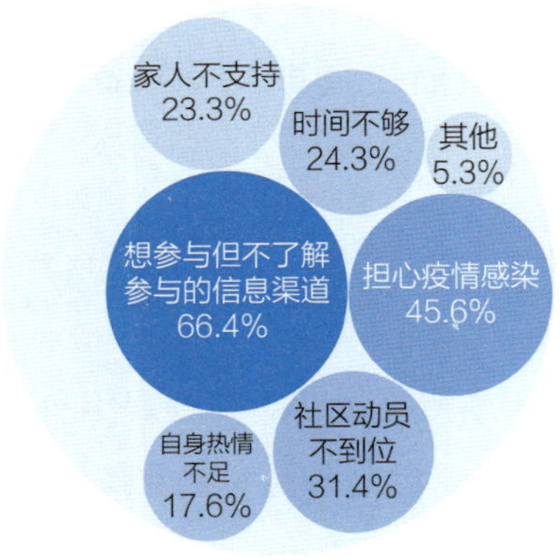

图 2-2　2020 年新冠疫情期间高校青年未参与公益实践的原因（多选题）

虽然面临重重困难，但仍有 180 名高校青年选择了参与新冠疫情期间的公益实践，占比达到总有效样本量的 20.9%。通过对这部分群体的调研可以发现，80.6% 的受访者认为“自我责任感驱使”是他们选择参加公益实践的重要因素（见图 2-3）。同时还有超过半数人选择了“受他人感召”这个原因，可见外部氛围因素在新冠疫情期间对高校青年产生了一定的驱动作用和榜样力量。还有少部分受访者将“获得义工时认证”也作为他们参与公益实践的原因之一。这与前述调研中有 73.4% 的受访者将“希望帮助他人”作为参与公益实践的动机相呼应，可见利他主义原则在新冠疫情背景下仍是高校青年积极投身社会公益实践的最主要因素。

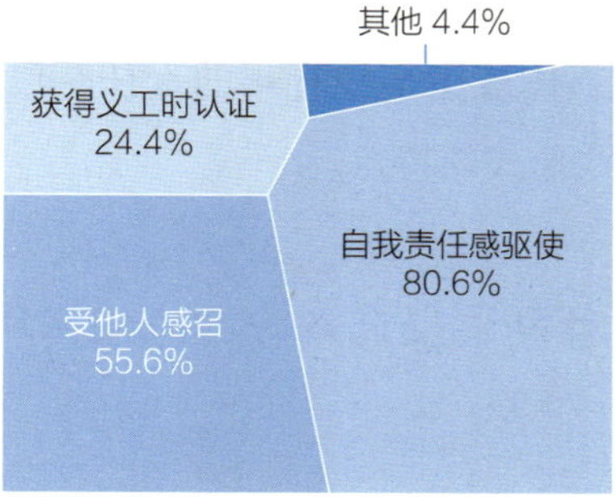

图 2-3　2020 年新冠疫情期间高校青年参与公益实践的原因（多选题）

（二）2020 年新冠疫情期间的公益实践类型

通过对 2020 年新冠疫情期间参与公益实践的高校青年的调研（见图 2-4）可知，他们参与公益的形式主要为“捐钱捐物”和“线上志愿服务”，占总样本的比例分别为 58.3% 和 41.7%。还有少部分人选择通过“献血”和“做抗疫一线志愿者”来参与公益实践活动。

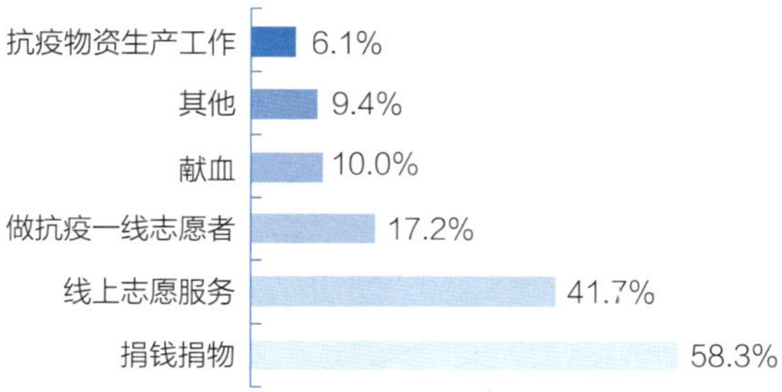

图 2-4　2020 年新冠疫情期间高校青年参与公益实践的类型（多选题）

由于新冠疫情防控政策的规定，民众出行受到限制，传统的公益实践方式难以顺利开展。而像捐钱捐物、线上志愿服务这样的形式既响应了新冠疫情防控政策要求，又达到了参与公益实践的目的。高校青年作为移动互联网新一代原住民，天然对线上网络熟悉，体现了高校青年的责任感以及结合时代背景积极创新公益实践形式的特点。

二、2020 年新冠疫情对深圳高校青年公益认知和行动的影响

（一）认知影响

通过对样本（N=862）的调研数据可知，2020 年新冠疫情使得其中 425 位高校青年开始思考自己与公共利益的联系，占比为 49.3%；有 334 位高校青年表示新冠疫情使得其所关注的公益领域发生了变化，占比为 38.7%；还有 275 位高校青年表示其参与公益的方式发生了变化，占比为 31.9%（见图 2-5）。总而

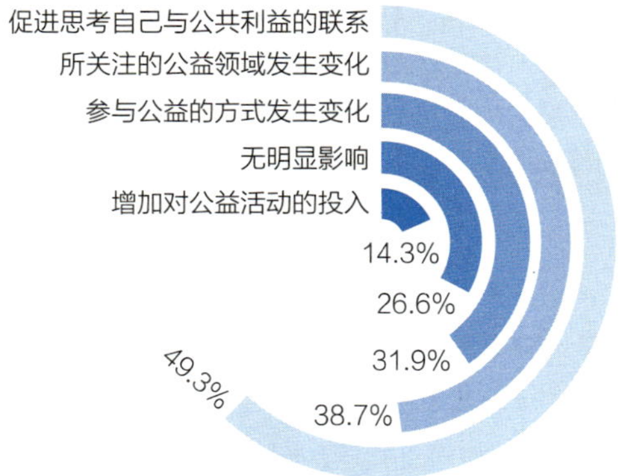

图 2-5　2020 年新冠疫情给高校青年带来的影响（多选题）

言之，新冠疫情的发生在较大程度上改变了高校青年对公益实践的认知和参与公益实践的行为。

究其原因，一是新冠疫情在一定程度上推动了公民意识和大众社会责任感的提升；二是新冠疫情期间出行受限，很多原本的线下公益活动都不能如期开展，转而改为线上等其他形式。对此，公益组织和参与公益实践的高校青年可以通过以下措施更好适应新冠疫情后公益实践领域的新变化：一是多了解应对新冠疫情的真实情况，发现有公益需求的领域并积极参与进去；二是创新公益实践方式，不再局限于传统的公益形式，多利用新技术、新媒介等，通过线上服务等方式参与公益实践。

（二）2020 年新冠疫情后期参与公益实践的意愿

2020 年调研数据显示，在新冠疫情后期，比较愿意和非常愿意参与公益实践的高校青年占比高达 68.2%（见图 2-6），可见高校青年总体上在 2020 年新冠疫情后期参与公益实践的意愿较高。而与之相对的是仍有 31.7% 的高校青年没有明确的参与公益实践的意愿。总体而言，在 2020 年新冠疫情后期，高校青年整体上有着较高的公益实践参与意向。

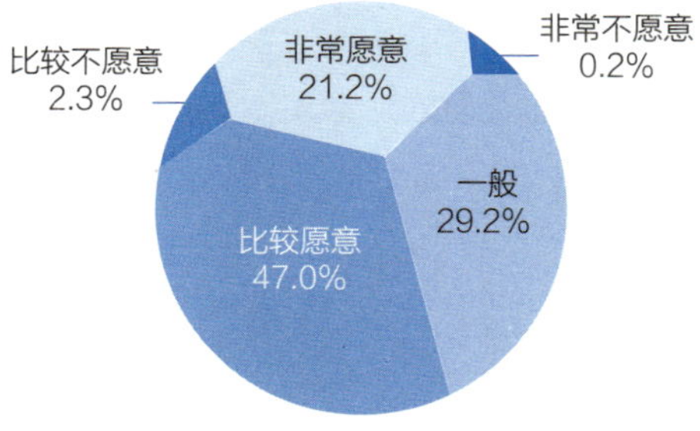

图 2-6　2020 年新冠疫情后期高校青年参与公益实践的意愿

结合以上关于2020年新冠疫情期间不参与公益活动的原因进行探究，公益组织可以考虑增加宣传渠道，通过微信等平台发布公益活动信息；加强志愿者保护，在避免志愿者受到新冠病毒传染的同时改善他们的工作条件。

第三章
深圳高校青年公益实践的未来展望

通过前文调研内容，我们了解到大部分高校青年具有公益实践经历，部分青年在新冠疫情相关的公益活动中也付诸了行动。那么对于未来的公益，他们有何想法？

一、深圳高校青年未来公益实践参与意愿

（一）未来参与公益实践的意愿及原因

2020年调研数据显示（见图3-1），未来一年考虑参与公益实践的高校青年有795位，占比达到92.2%，而不考虑参与的高校青年有67位，占比为7.8%。由此可见，对于未来参加公益实践，绝大部分高校青年持积极态度。

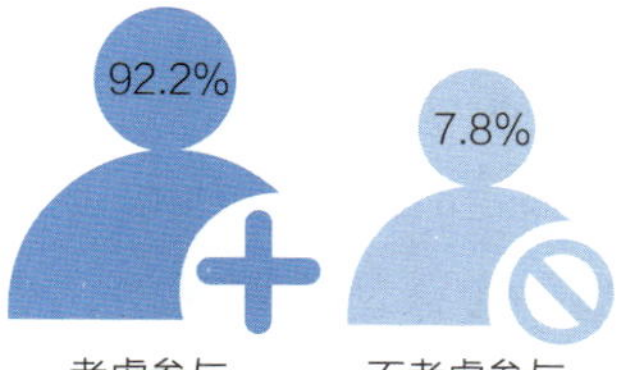

图3-1　未来一年高校青年参与公益实践的意愿

而对于未来考虑参与公益实践的，高达 79.1% 的高校青年选择了“希望帮助他人”这个原因。还有 64.4% 的高校青年选择了“自我成就和价值体现”这个原因。相比之下，选择“受同学或朋友影响”及“提升所学专业的相关技能”的比例只有 4.0% 和 9.3%（见图 3–2）。

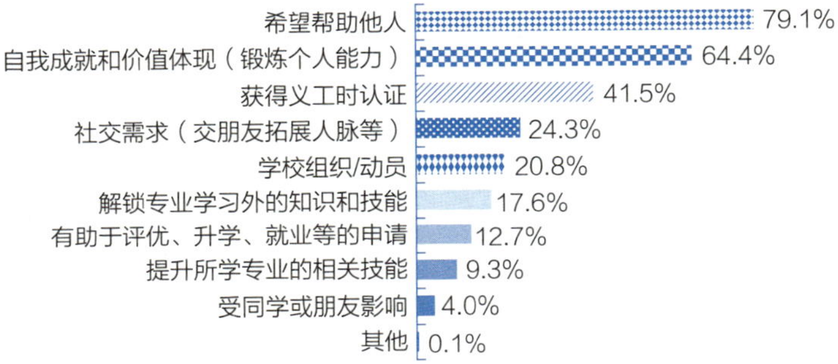

图 3–2　未来考虑参与公益实践的原因（多选题）

由此可以看出，帮助别人、实现自我价值的需求是促使高校青年未来参与公益实践的主要驱动力。而与此前已有参加过公益实践经历的 655 位高校青年群体中有 481 人都出于“希望帮助他人”这一原因的占比（73.4%）数据较相近。可以推断出，无论是在当下还是未来，利他主义始终是高校青年参与公益的首要动机。

对于未来一年不考虑参与公益实践的高校青年来说，“时间投入过高”是他们认为最关键的原因，说明不参与公益实践的高校青年很大一部分都是时间受限所致（见图 3–3）。未来公益活动在组织的过程中，应合理规划时间，从而吸引更多的高校青年参与。此外，个人“相关工作能力不匹配”“需投入的金钱成本超出自身承受范围”等也成了阻碍高校青年参与公益实践的重要因素。因此，参与公益实践前的相关技能培训和资金支持是十分必要的。

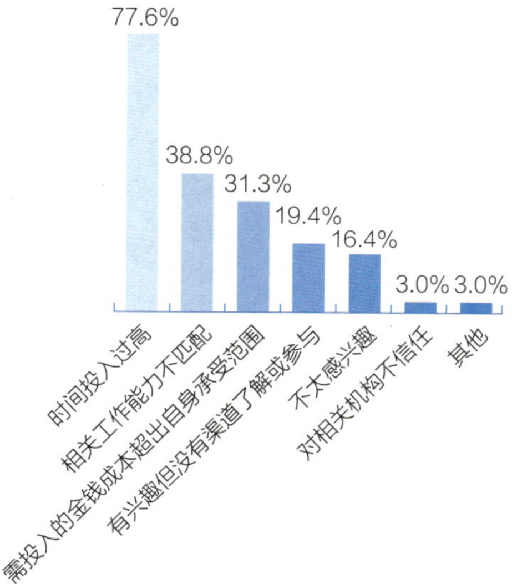

图 3-3　未来不考虑参与公益实践的原因（多选题）

（二）公益实践偏好

1. 对公益形式的偏好

根据 2020 年调研数据（见图 3-4），“深度实践类：用所学知识或特长为某些社会问题提供解决方案”和“参与短期（当天结束）的公益服务”所获评分最高，反映了高校青年在对短期公益服务兴趣高的同时，也希望用自己所学的知识或特长来为某些社会问题提供更切实的解决方案，完成更深度的公益实践。此外，高校青年对于“与志同道合的伙伴一起设计并共同完成一个周期性项目”这个参与形式的感兴趣程度也较高。

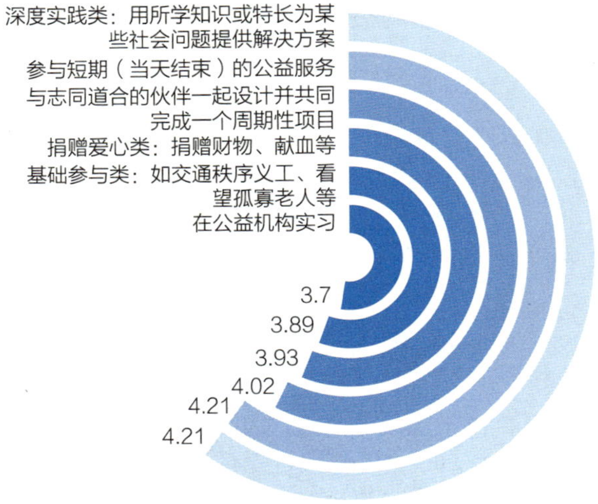

图 3-4　公益实践形式的偏好程度（评分越高偏好程度越高）

2. 对公益领域的偏好

2020 年调研数据显示（见图 3-5），高校青年对于“助弱扶贫”和“优质教育”这两个公益领域的感兴趣程度是最高的。扶贫济困是慈善的核心内容，天然吸引高校青年对其产生兴趣。同时，国家为实现全面建成小康社会目标和扶贫济困所实施的各项政策和行动也进一步让高校青年对此领域保持高关注度。“优质教育”与高校青年自身息息相关，这使他们能切身体会到其重要性。而在其他的公益领域，高校青年感兴趣的程度虽然没有前两项那么高，但都较为平均，可以看出高校青年在公益领域的偏好具有多样化的特点。

在未来一年考虑参与公益实践的 795 位高校青年中，有 771 位表示如果参与到自己关注的公益项目中，为了更好地达到项目效果而愿意以志愿者的身份接受培训，占比高达 96.9%（见

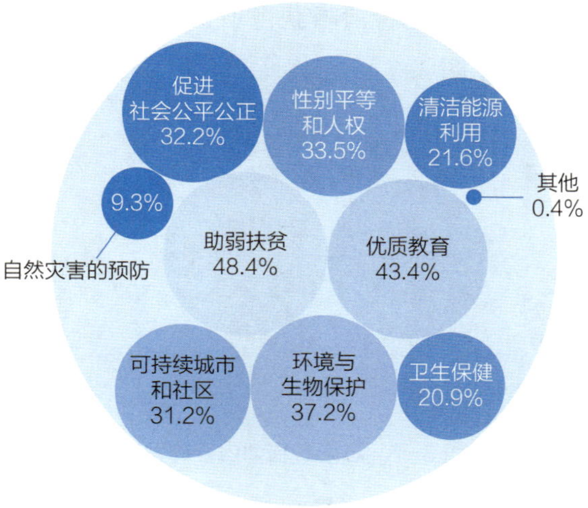

图 3-5　公益实践领域的偏好分布情况（多选题）

图 3-6）。由此可见，高校青年对于参加志愿者培训持有积极态度。以下分析将以 771 位愿意接受志愿者培训的高校青年为样本群体。

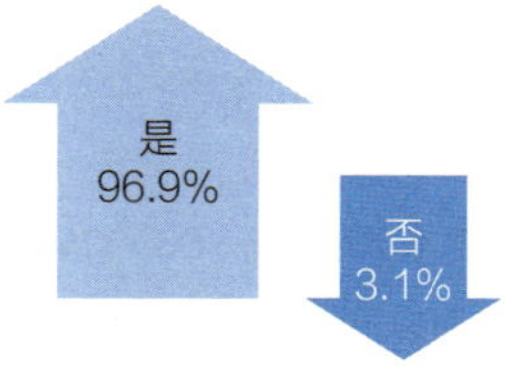

图 3-6　是否愿意接受志愿者培训

在培训内容方面，高校青年希望接受“通用工作能力培训”和“所在岗位需要的特定技能培训”，占比分别达到 35.8% 和 34.5%，这说明大多数高校青年认为自己通用工作能力及岗位技能还有待提高，希望在参与公益实践的过程中能够得到这方面的锻炼。另外，“项目介绍及相关背景培训”占到 29.6%，说明高校青年也比较关注能否清晰获得项目的必要背景信息，应予以相应的重视（见图 3–7）。

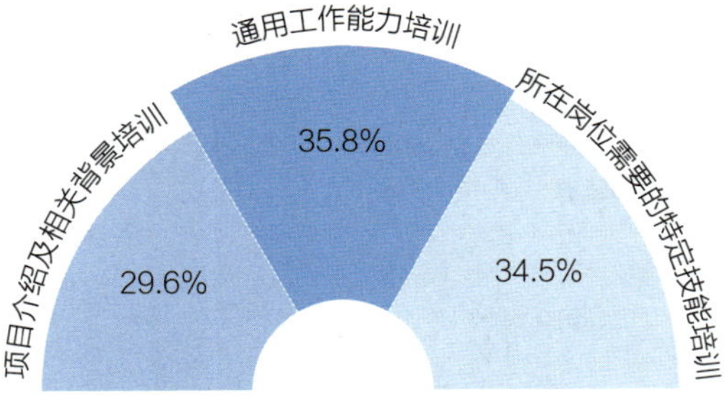

图 3–7 志愿者培训内容的偏好

在培训时间方面，57.6% 的高校青年认为 30~60 分钟的培训更为适宜，仅有 18.5% 的人认为 60 分钟以上更合适。由此可见，高校青年虽然愿意接受志愿者培训，但不希望培训时间过长，1 小时的时长是志愿者参与培训的分水岭（见图 3–8）。

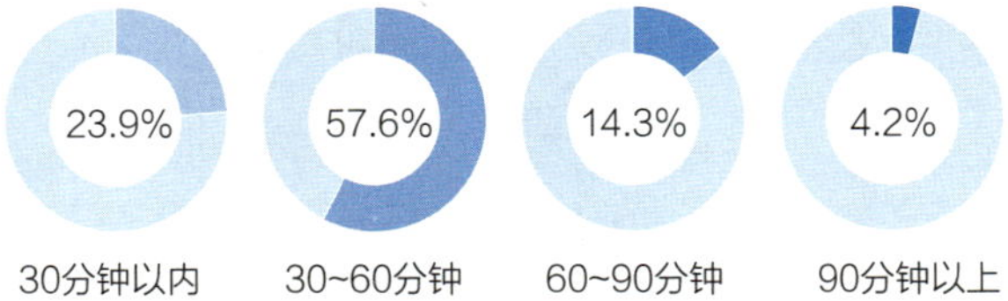

图 3–8 志愿者培训时长偏好

而对于以何种形式开展志愿者培训（见图 3–9），更多的高校青年选择了“线上讲座 / 沙龙”（占比为 52.4%）以及“通过开展工作得到相关指导”（占比为 48.9%）；选择“导师小班面授”（占比为 39.4%）和“大型线下讲座”（占比为 37.1%）的高校青年也不在少数。由此可见，高校青年更倾向于有导师引领的方式，受新冠疫情因素影响，未来志愿者培训方式可以适当结合线上培训。

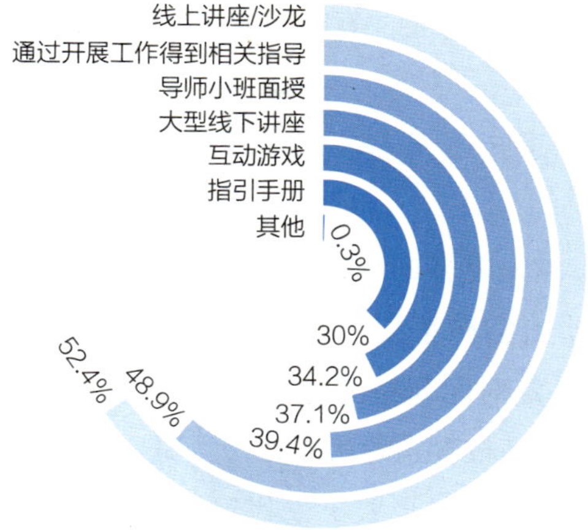

图 3-9　志愿者培训形式偏好（多选题）

没有接受培训的群体不愿意接受培训的主要原因在于“时间投入长”（占比为 72.5%）和“培训参与方式过于复杂（如需要到某个地点见面）”（占比为 61.1%）（见图 3-10），这提醒我

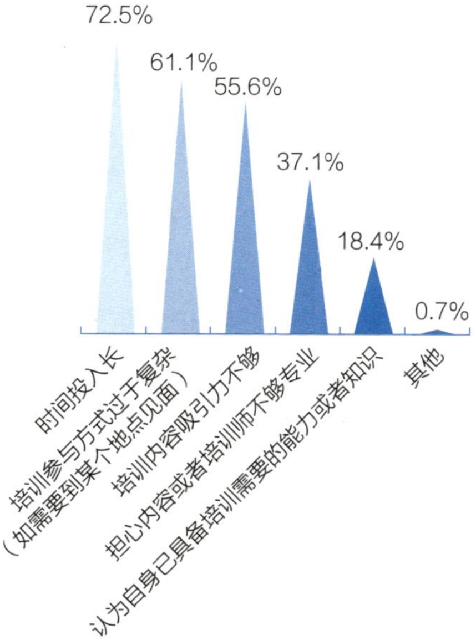

图 3-10　不愿意接受培训的主要原因（多选题）

们在组织志愿者培训时要注意时间的把握以及方式的简化。

二、深圳高校青年公益实践项目

近年来，越来越多的高校青年不再局限于以执行角色参与公益活动，开始尝试策划公益项目。通过策划公益项目，使“参与者投入一定时间与精力能更好地达到阶段性的目标效果”得到了95.2%的高校青年的认同。

在公益项目的参与形式上，找到志同道合的伙伴组建团队完成公益项目是大多数高校青年在参与公益项目时的现实诉求（占比为78.2%），占比接近八成（见图3-11）。可以看出，大多数高校青年希望能与他人共同合作完成公益项目而非独立完成。

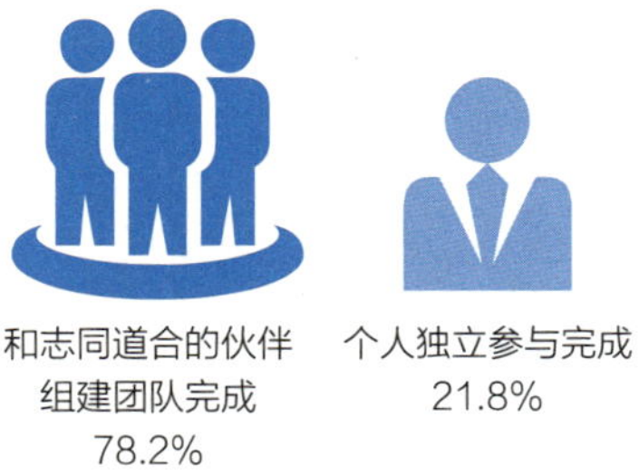

图3-11　公益项目的参与形式

在完成公益项目的过程中，高校青年最希望收获的是“扩大社交圈，收获三五知己好友”，其次是“解锁新的学习模式或知识技能”，而“项目能够落地，产生实际效果”也是他们的较高期望之一（见图3-12）。

图 3-12　期望通过组队开展公益项目得到的收获（多选题）

而在期待方面，高校青年最希望获得“导师专业指导”（占比为 38.1%）、“种子基金支持”（占比为 19.5%）和“可落地执行的方式”（占比为 14.0%）（见图 3-13）。而最担心的是“没有尝试过，没有经验”（占比为 54.5%）、“新模式不成熟，担心投入和产出不成正比”（占比为 53.7%）以及“无法落地执行，产生真正的影响力”（占比为 41.2%）三大困难（见图 3-14）。

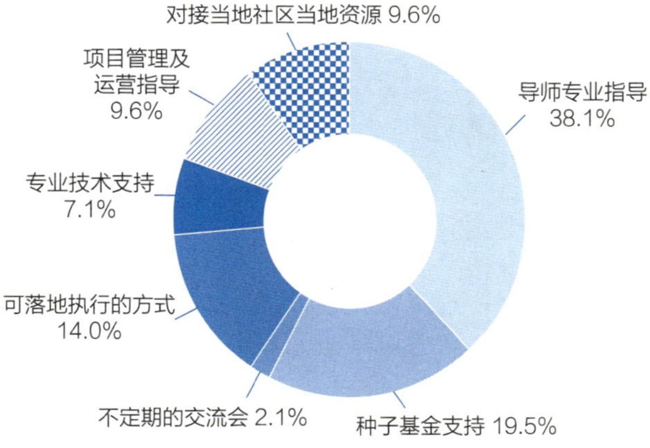

图 3-13　希望获得的支持（多选题）

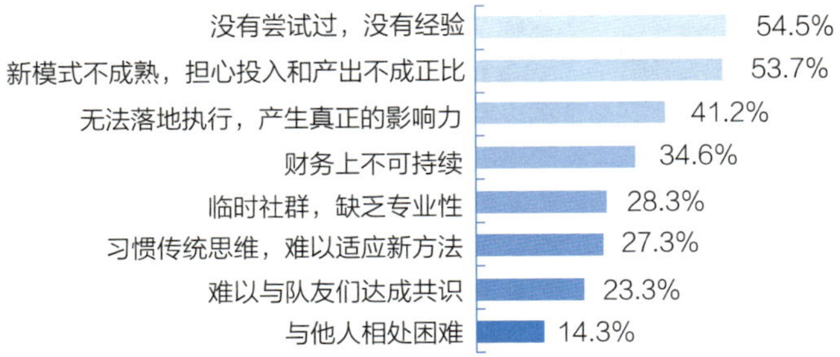

图 3-14　最担心遇到的困难（多选题）

对于这些困难和诉求，建议通过以下方式对高校青年参与公益项目进行支持：

一是鼓励他们进行组队，提供社交平台和便利；

二是邀请专业导师，在参与公益项目过程中给予专业指导，并注意培养参与者的技能；

三是引导高校青年多关注多参与具备稳定资金来源的公益实践项目（如由基金会定向资助的公益项目），为公益项目的执行、存续提供保障。

第二部分

深圳高校青年的社会梦想

关键词：社会创业

摘要：社会创业作为一个新兴的概念，是指以创造社会价值为核心，追求社会价值与经济绩效的平衡，是高效解决社会问题、实现经济可持续发展的有效途径，其正日益成为参与公益的一种重要形式。粤港澳大湾区有着良好的社会经济基础，及开展社会创业的良好土壤。为了提升社会创业的效果，从而带动粤港澳大湾区高校青年的公益参与，本部分以高校青年作为研究对象，通过深入分析调研数据，深度了解高校青年社会创业的参与情况，并分析高校青年对未来社会创业的期望，由此针对如何引导高校青年参与社会创业、如何改进社会创业项目设计做出预测和为其进一步研究提供参考。

本部分内容基于新木·2021 深圳高校青年社会创业调研数据撰写完成，本次调研对象为深圳市高校大学生，覆盖了来自 13 所高校的 824 份样本，性别、专业分布较为均匀，年龄绝大部分为 30 岁以下，能很好地代表高校青年这一群体。

本部分主要以“社会创业”这一公益的实现方式作为切入角度进行分析，侧重点在于“方式”，重在探讨“是什么”“为什么”“怎么做”的问题。本部分从引入社会创业概念开始，探讨高校青年对社会创业的认识、思考以及实践，最后结合社会、学校、公益组织等各主体提出对社会创业的发展建议。

本部分调研回收问卷共计 1000 份，有效问卷 824 份，有效率达 82.4%。各高校样本构成情况如图 1～ 图 3 所示。

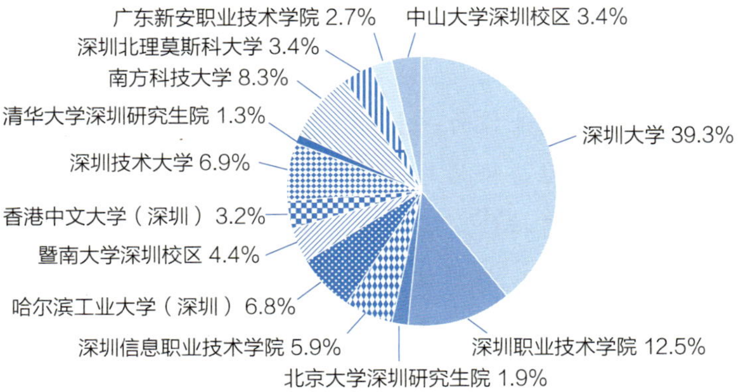

图 1　各高校样本的回收情况

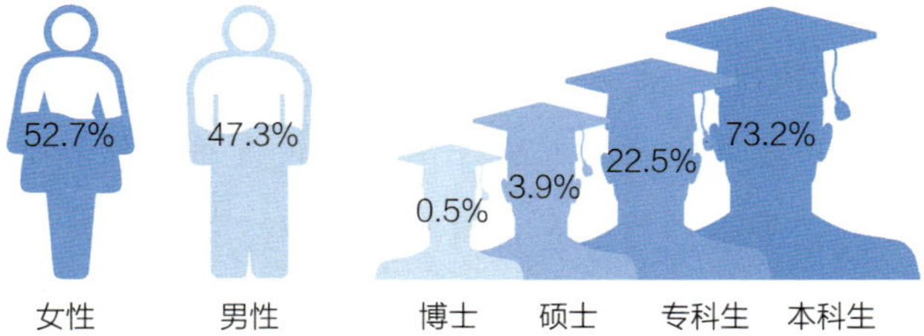

图 2　各高校样本的性别和学历占比情况

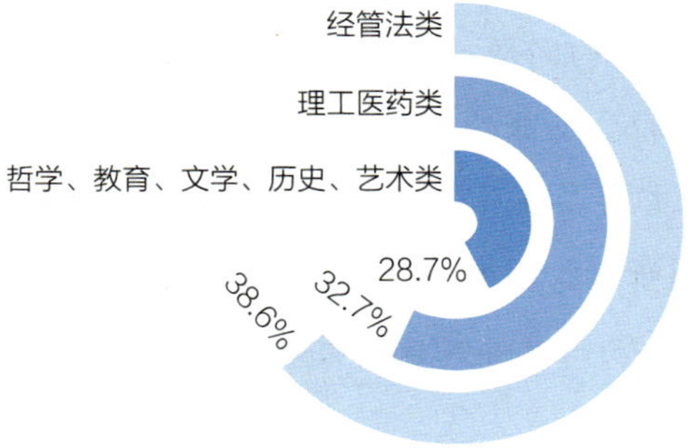

图 3　各高校样本的专业分布情况

第四章

深圳高校青年社会创业的认知情况

一、深圳高校青年对社会创业概念的认知

（一）社会创业渗透度情况

当下，社会创业的概念越来越深入人心。根据调研数据可知，有 61.5% 的高校青年听说过社会创业，完全没听说过社会创业的占比仅为 14.1%（见图 4–1）。“知是行之始”，先了解高校青年对社会创业的认知情况，有助于接下来对其实践情况的探究。

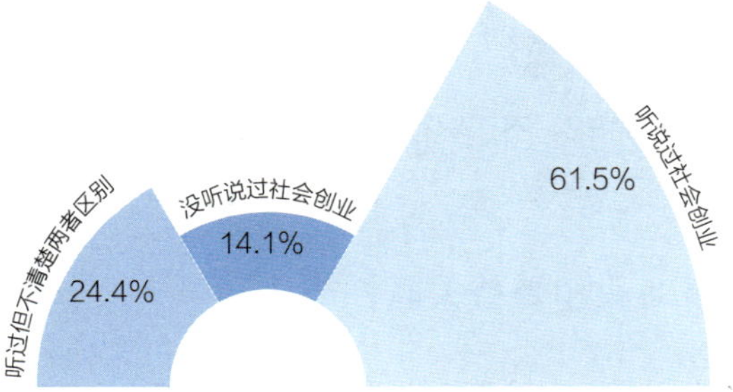

图 4–1 “社会创业”在高校青年间的渗透度

（二）不了解社会创业的原因

调研数据显示，不了解社会创业的原因主要集中于自身环境因素和媒体宣传因素两大方面。其中，高校青年“身边关注相关社会创业的人少”和“媒体宣传力度不足”是导致社会创业在高校青年群体中渗透度不高的主要原因，占比分别达到了 83.6% 和 71.6%；此外，在学校层面，缺乏社会创业相关课程（占比为 40.5%）也是高校青年未了解社会创业的原因之一（见图 4–2）。

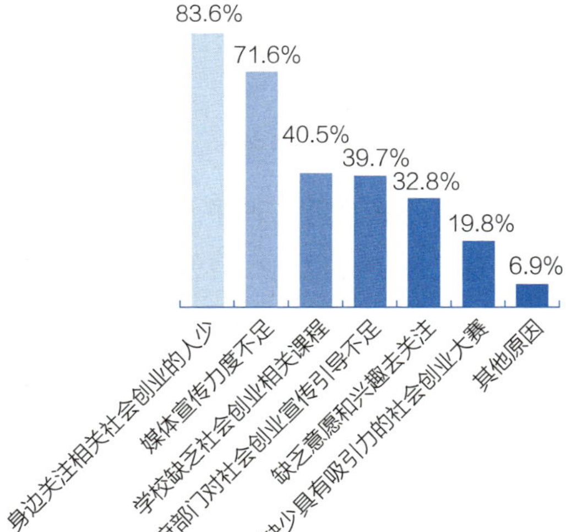

图 4–2　不了解社会创业的原因（多选题）

（三）对商业和公益关联性的认知

关于高校青年对商业和公益的关联性认知的调查采取李克特五分量表进行测量。2021 年调研数据显示（见图 4–3），高校青年对于“创业目标不仅是实现经济效益，而且应该同时追求社会价值”这一观点具有最高的认可程度，达到了 4.89 分。另外，“应该为弱势群体（如未受过良好教育的边远地区的妇女等）、残障人士创造就业机会，而非把他们视为‘受助者’”“公益不仅仅是志愿者活动，而且需要持续地、有创新性地解决某一个社会问题”这两个观点也达到 4.8 分以上。

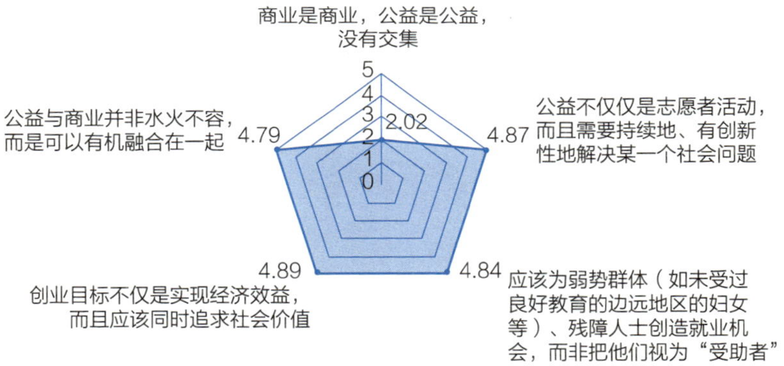

图 4-3　高校青年对商业和公益的关联性认知

（四）对社会创业和商业创业的比较认知

相对于商业创业，调研数据显示（见图 4-4），超过半数的高校青年认为社会创业与商业创业最大的区别在于社会创业更加强调社会使命优先且着重专注解决明确的、亟须解决的社会痛点 / 问题，而不像商业创业那些追求个人目标以及经济利益最大化。

此外，高校青年认为社会创业要更加强调合作和价值创造，而非竞争与价值捕获。

针对人群方面，有 58.6% 的高校青年认为社会创业为残障群体、边缘群体创造就业机会；同时部分高校青年（占比为24.3%）认为社会创业是为BOP（金字塔底层）人群提供低价优质的产品和服务。此外，高校青年认为社会创业是对弱势群体实施“授人以鱼，不如授人以渔”的方案，而不是直接提供物质上的帮助。

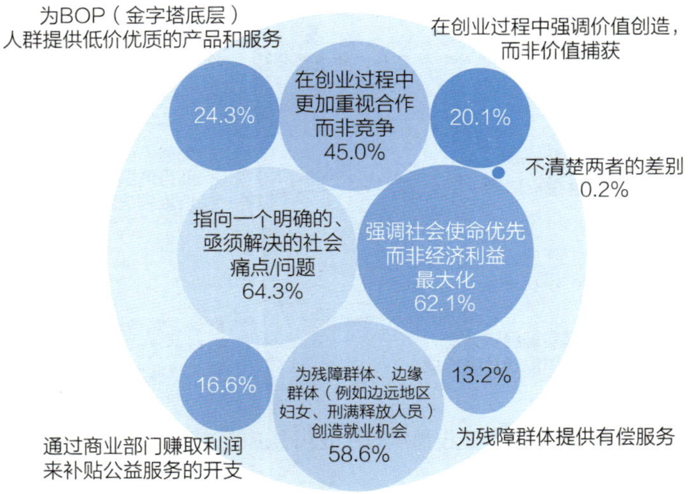

图4-4　高校青年对社会创业与商业创业的比较认知情况

（五）对社会创业和公益实践的比较认知

相较于“公益实践”，多数高校青年（占比为63.7%）认为“社会创业”是强调公益与商业的有机融合，且强调对于弱势群体的专业服务像是提供长期有针对性的、经济可持续性的方案。对于“社会创业”的内涵，部分高校青年（占比为34.9%）认为“社会创业”是强调用“造血”而非“输血”方式来持续地解决社会问题（见图4-5）。

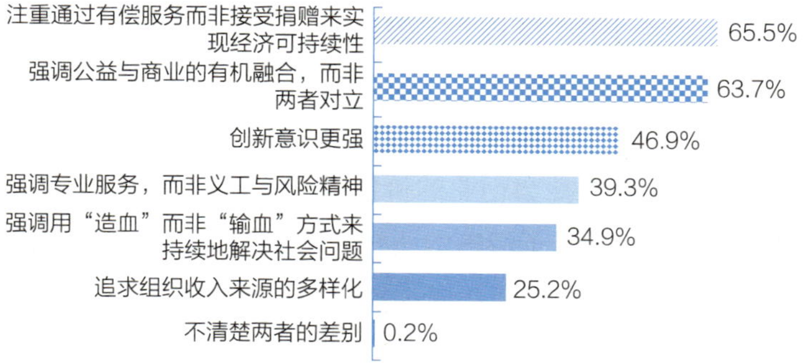

图 4-5 高校青年对社会创业与公益实践的比较认知情况

调研数据显示，有超过 65% 的高校青年认为“社会创业”注重通过有偿服务而非接受捐赠来实现经济可持续性，25.2% 的高校青年追求组织收入来源的多样化。因此，整体来看“公益实践”更多的是通过捐赠等直接物质条件来帮助弱势群体，而并非针对弱势群体的现状对其进行一定的技能培训等行为。“社会创业”更加注重以其本身的商业创造能力来为“捐献方”提供有偿服务，从而获得一定的收入；此外，对受助人群的帮助不仅仅是提供直接经济条件，而是从“授人以渔”开始。

通过上述调研数据可以看出，高校青年对社会创业的概念有着一定的认识，认为这是一种介于公益实践和商业创业之间的公益形式。他们对社会创业的意义在于授人以渔，通过有偿服务等方式而不是简单地进行公益捐赠实现可持续发展有着普遍共识；并且与第一部分的调研中所体现的高校青年参与公益的利他主义动机类似，高校青年对于社会创业的利他主义动机、社会使命优先的本质有着深刻的认识。

综合来看，高校青年对于社会创业的认识主要在于以下两个方面：一方面体现在动机上，社会创业更倾向于社会使命的驱动；另一方面则体现在实践层面上，要带着授人以渔的主动性去进行社会创业。

在高校青年对于社会创业的概念有初步了解的同时，还要考虑高校青年对于社会创业的价值目标的认识是否到位。只有对概念和价值目标有了清晰的认知，才能形成良好的整体认知，从而推动高校青年参与社会创业实践的进程。

（六）对社会创业的了解途径和时间长短

调研数据显示，多数高校青年（占比超过 50%）首先是通过微信等网络媒体、校内课程和讲座两种途径了解到社会创业的；其次是通过社团活动、创业实践和活动等了解到社会创业的（见图 4–6）。

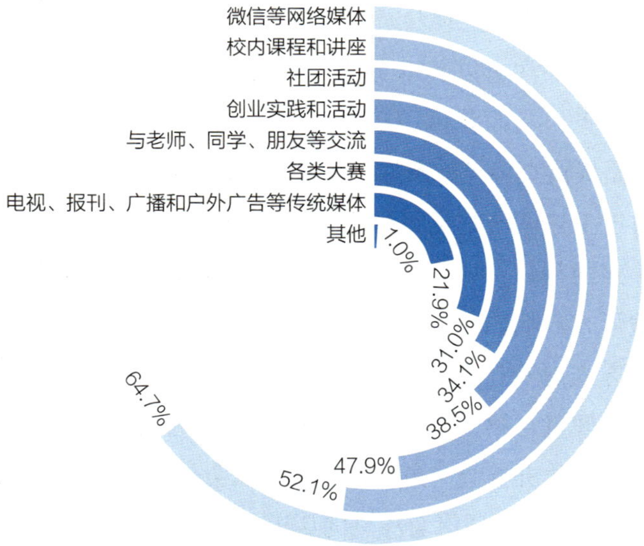

图 4–6　高校青年社会创业了解途径（多选题）

从了解的时间长短来看，“听说过社会创业”的高校青年（507人）中的62.7%对于“社会创业”的了解时长为1~2年（见图4-7），这在一定程度上说明了社会、校方在社会创业方面的宣传起到了一个相对持续的作用，之后可以进一步加强相关知识普及，从而使得社会创业的渗透度在高校青年群体中得到进一步的提高。

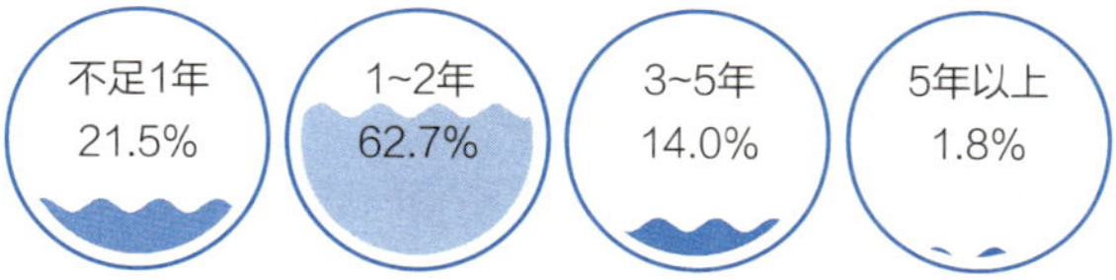

图4-7　高校青年对社会创业了解的时间长短

二、深圳高校青年对社会创业的价值认知

调研数据显示（见图4-8），分别有60.4%和60.0%的高校青年认可“促进商业创业理念的转变”和“推动政府与市场合作方式的转变”是社会创业的价值所在，高于“为弱势群体、边缘群体创造就业机会”和“促进公民道德建设”，两项占比分别为55.2%和50.7%。

同时，“引导创业者从社会价值而非仅仅商业价值的角度去思考创业项目”和“推动公益组织收入多元化”是高校青年认同度较低的有关社会创业的价值论述，两个选项的占比均未超过35%，分别为33.7%和31.2%。

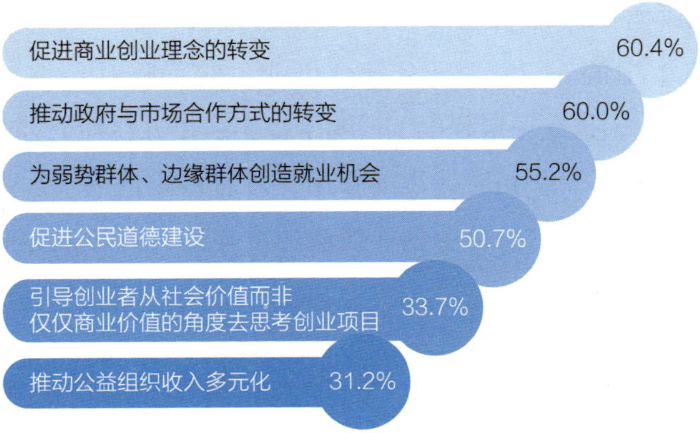

图 4-8　高校青年心中“社会创业”价值的选择人数构成（多选题）

通过上述调研数据可以看出，高校青年对于社会创业的价值认知主要聚焦于社会主体层面，如政府、弱势群体、公民道德；要解决的问题是社会矛盾问题，与前文调研中关于高校青年对社会创业的公益性认知相匹配，充分体现了高校青年在社会主体层面上清晰的宏观认知——社会创业不仅仅是改变单个社会个体、公益组织，更是在某种程度上推动着政府行为的改变以及整个公益模式的改变。

综合高校青年对社会创业概念和价值的认知来看，高校青年有着较强的社会责任感，注重通过社会创业等创新方式来推动社会的进步；有着整体性思维，不仅仅局限于个体的帮扶，还倾向于宏观层面的变革和群体福祉的改善，有着可持续发展的思维；在社会创业实施过程中注重实现社会群体、自身组织的自主发展能力，注重“造血”而非“输血”。

但与此同时，还是应该注意到有一部分高校青年出于种种原因对社会创业没有更深入完整的认识，为了改善这种情况，社会和高校层面的传播、教育或许是着力点。

第五章

深圳高校青年社会创业实践的影响因素

一、深圳高校青年社会创业参与动机

根据 2021 年调研数据，在有社会创业项目经历的高校青年中，“富有社会责任感，想通过自己的努力解决社会问题”是高校青年参与社会创业项目的最主要动机，占比达到了 67.9%。而“锻炼能力并获得个人成长”以及“对社会创业感兴趣”同样是影响高校青年参与社会创业项目动机的重要因素，占比分别为 60.9% 和 47.4%（见图 5-1）。

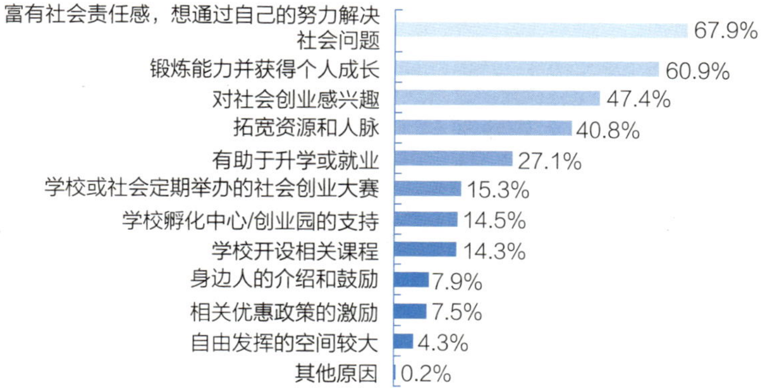

图 5-1　高校青年社会创业参与动机（多选题）

通过调研数据可以看出，高校青年的社会创业参与动机基本基于其对社会创业的认知情况，即社会创业不同于商业创业的地方在于其社会使命。而在参与社会创业实践时，一方面，高校青年会更多地考虑社会责任感，并将其落实在社会创业实践中；另一方面，高校青年对于在社会创业实践中的个人能力提升也有着较高的期待，反映出高校青年有着较为清晰的自我需求认知。

综合来看，高校青年参加社会创业实践的动机较为多元化，反映了高校青年在当前社会中的身份角色多变，思考问题的角度更加全面，能够综合考虑多方面的因素及影响。高校青年始终秉持利他为主、利己为辅的思想，将解决社会问题、实现社会福祉作为首要目标。目标指导实践，那么在具体的实践中是否反映了同样的思想？以下将结合具体的实践情况进行分析。

二、深圳高校青年参与社会创业具体实践

（一）社会创业参与领域与参与形式

2021 年调研数据显示，在社会创业领域方面，信息技术与大众传媒、扶贫开发分别有 51.3% 和 48.0% 的高校青年参与，是社会创业涉足最多的领域。紧随其后的是生态环境领域和文化艺术领域，分别占比 42.9% 和 35.6%（见图 5–2）。

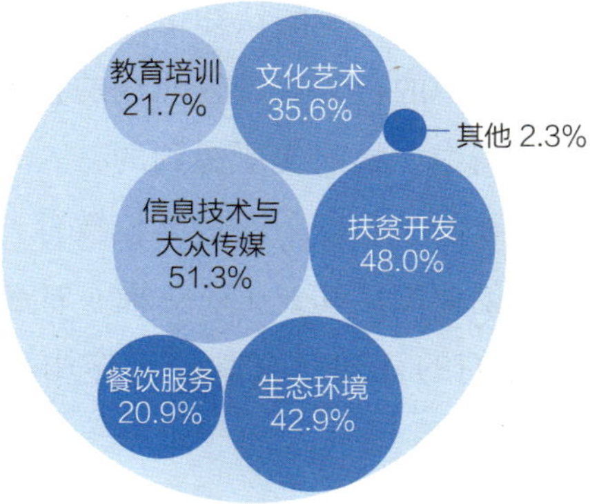

图 5-2 高校青年参与不同领域社会创业的人数分布

在社会创业项目参与形式方面，加入学校有关社会创业的社团这一形式占比高达 63.1%（见图 5-3）。

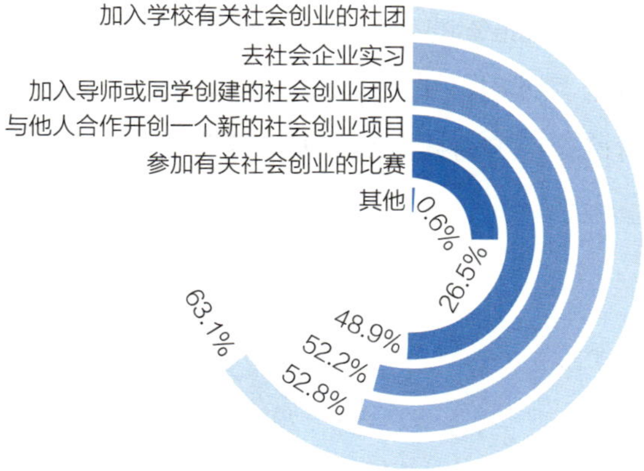

图 5-3 高校青年社会创业项目参与形式（多选题）

通过以上调研数据可以看出，高校青年参与的社会创业领域分布和方式的选择比较分散，都占有相当的比例。他们不会过于聚焦某个特定的方式或领域，在方式和领域的选择上具有灵活性。

结合高校青年对社会创业的认知情况，他们对社会创业的认知与社会创业实践中的行为有着较明显的相关联系，并体现在他们的具体行动当中。如前文所提到的，一方面，要提升高校青年社会创业实践的参与度，通过高校教育、社会宣传等来提高他们的对社会创业的认知；另一方面，社会创业实践后的良好体验也会对他们的认知起有利的反作用，从而实现良性循环。

（二）参与社会创业项目的存续时间

2021 年调研数据显示（见图 5–4），在参与过社会创业项目的高校青年样本（517 人）中，有 53.4% 的高校青年参与的项目存续时间在半年到一年，26.3% 的高校青年参与的项目存续时间在一年到三年，16.6% 的高校青年参与的项目存续时间在半年以下，三年以上存续时间的项目非常少。由此可见，短期的项目和实践是高校青年参与社会创业的主要类型。

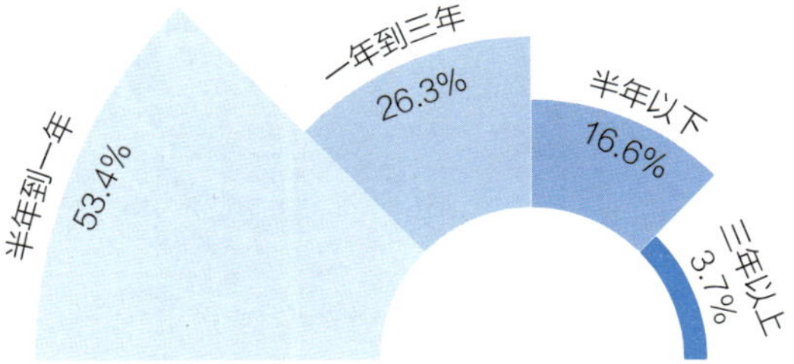

图 5–4　高校青年参与社会创业项目的存续时间

（三）参与社会创业项目的投入时间

2021 年调研数据显示（见图 5–5），在参与过社会创业项目的高校青年中，超过 78% 的高校青年在社会创业项目存续期内平均每周所投入的时间在 4 天及 4 天以上，其中每周投入 7 天的高校青年占比最多，达到 23.0%；每周投入 5 天和 6 天的高校青年占比分别为 22.1% 和 19.3%。整体来看，大部分参与过社会创业的高校青年每周所投入社会创业的时间较长。

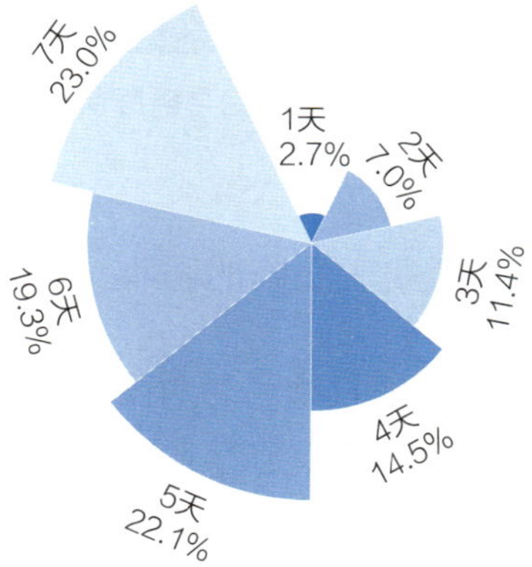

图 5-5　高校青年参与社会创业项目的投入时间

（四）参与社会创业项目与自身专业技能的匹配度

从高校青年所参与的社会创业项目与他们自身专业技能匹配度来看，绝大部分高校青年具备的专业技能都与参与过的社会创业项目相匹配，比例达到 93.8%（包含非常匹配、匹配以及一般匹配），只有 6.2% 的高校青年的专业技能与社会创业项目存在非常不匹配或不太匹配的情况（见图 5-6）。

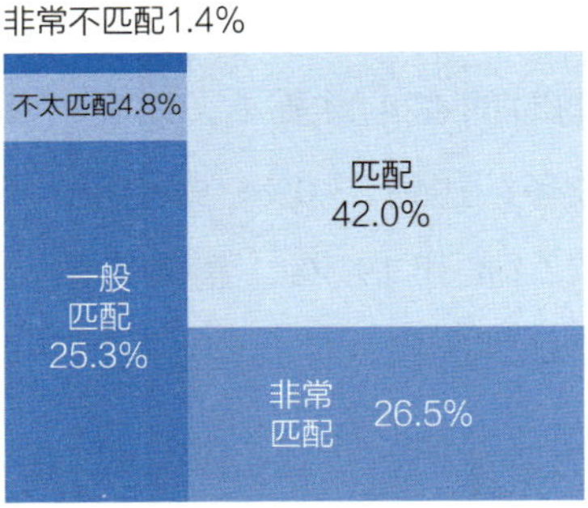

图 5-6　高校青年参与社会创业项目与自身专业技能的匹配度情况

（五）参与社会创业所面临的困难

在参与过社会创业项目的高校青年样本（517 人）中，有 50% 以上的人认为社会创业项目存在困难，分别是：个人专业技能等方面仍有待提高；没有接受过系统的社会创业理论和实践教育，匮乏的经验使自己无法驾驭社会创业项目；资金短缺、来源渠道有限或不稳定。有 30% 以上的高校青年认为所在高校对社会创业重视不足，以及社会创业项目存在着可持续性较差、流于形式等问题。还有 16.8% 的高校青年认为相关政策及扶持力度无法真正惠及高校青年（见图 5-7）。

由此可见，在高校青年看来，个人方面的原因是社会创业开展的主要困难，包括个人获得的理论知识教育以及相关经验和专业技能方面的不足等；此外，项目本身在资金方面存在的问题以及可持续性也是导致社会创业开展的难题。在这个过程中，大多数高校青年并未将高校和政府部门对于社会创业的重视和扶持不足视为其面临的主要困难。

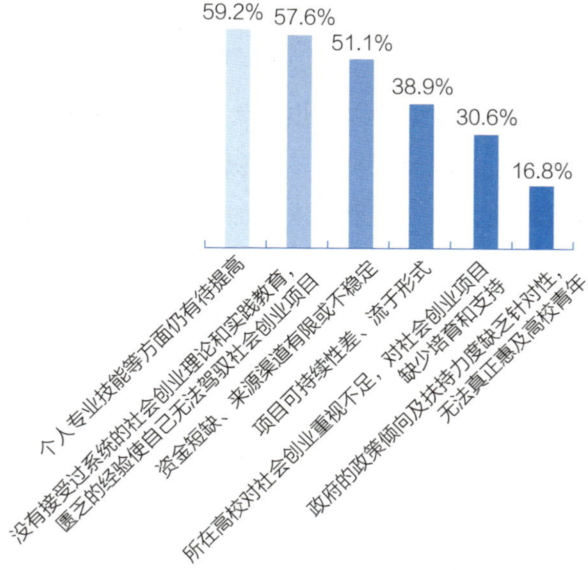

图 5-7　高校青年参与社会创业所面临的困难（多选题）

在项目队友方面，绝大多数的高校青年认为在社会创业项目中找到合意的队友非常难，在此次问卷调查中，占比达到了 84.1%（见图 5-8）。

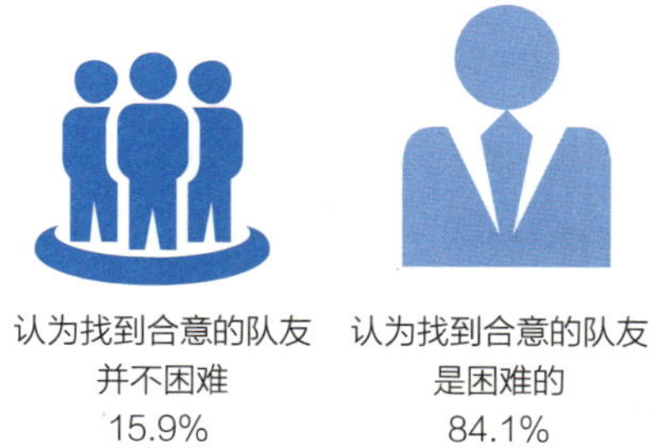

图 5-8　找到合意的项目队友的情况

三、深圳高校青年参与社会创业的改进与思考

通过前述调研数据可以看出，参与过社会创业实践的高校青年总体上对于实践经历有着较为积极的评价，但也反映出一些有待改进的地方。一方面，未参加过社会创业的高校青年将其不愿意参与的原因主要归咎为外部因素，如没有合适的社会创业伙伴或团队（占比为 60.7%），除此之外还存在没有接受过系统的社会创业理论和实践教育（占比为 41.4%）、资金来源及渠道有限（占比为 38.2%）等问题，这反映出当下的社会创业体系还需要进一步完善和构建；另一方面，高校青年也积极从自身角度寻找问题，例如个人能力有待提高（占比为 53.4%）、不了解什么是社会创业（占比为 36.1%）等（见图 5-9）。

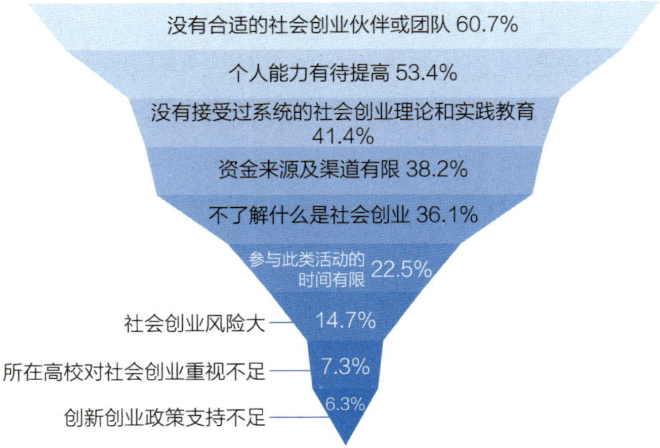

图 5-9　高校青年目前不愿意参与社会创业的原因（多选题）

与之相对应的则是他们对于参与社会创业的期望。高校青年的期望主要来自两个方面：一方面，从其自身来说，为他们

提供更好的渠道和引导，提升他们对社会创业的认知水平，是他们投身社会创业实践的助推剂；另一方面，高校青年希望通过政策、资金、曝光度等方面来为他们提供外部支持，尽量减少他们在参与过程中所遇到的外部阻力。

第六章

深圳高校青年社会创业的未来展望

一、深圳高校青年对未来社会创业参与意愿和发展前景的看法

2021 年调研数据显示（见图 6–1 和图 6–2），在未来一年是否会参与社会创业这个问题上，79.1% 的高校青年选择了“愿意”；而在高校青年对社会创业发展前景的看法中，认为发展前景不错的占比高达 74.0%，而认为发展前景一般和不好的仅有 25.0%。

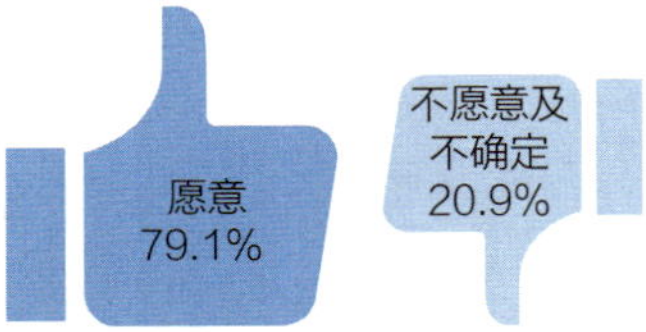

图 6–1　未来一年内参与社会创业的意愿强度

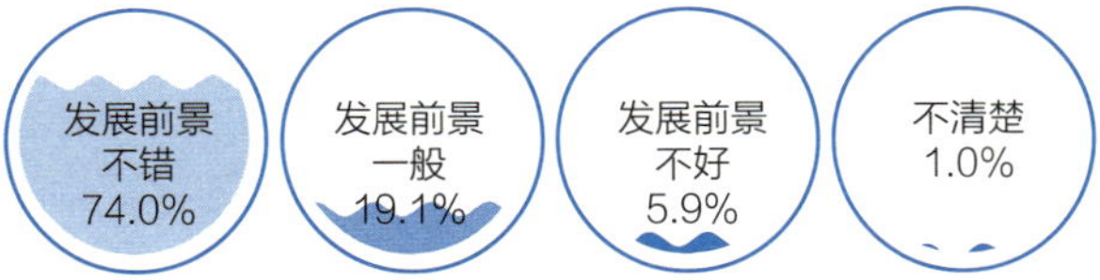

图 6–2　高校青年对社会创业发展前景的看法

根据调研数据可以看出，高校青年对于社会创业的愿景和价值有着较高的评价。在面对社会创业这个相对新鲜的事物时，高校青年认为社会创业会有较好的发展前景。

结合上述的调研数据可以看出，由于高校青年对于社会创业有一定的认识基础，以及随着新时代媒体的发展，高校青年获得信息渠道日益便捷，他们可以更快更好地了解到社会创业的项目信息、政策变化、热点领域等内容，这也是高校青年能够更加广泛和深入地参与社会创业的前提与基础。在面对社会创业的前景时，高校青年能够根据所收集到的信息和切身感受，对其发展前景做出理性而全面的判断。今后可以进一步利用和开拓现有渠道，扩大社会创业的辐射广度和参与深度，促进高校青年对于社会创业有更深层次的认识和更广泛的参与意愿。

二、未来深圳高校青年参与社会创业的意愿

2021 年调研数据显示，高校青年对于未来参与社会创业大多持开放态度，这反映了社会创业在高校青年群体中欣欣向荣的发展态势。

在未来参与社会创业项目的动机方面（见图 6–3），高校青年更多的是抱着尝试和探索的心态，“想让大学生活更加充实”“看好社会创业发展前景”“想要尝试一下这种新型的创业方式”在高校青年未来参与原因中排在前三位。由此可见，社会创业项目对高校青年有着较大新鲜感和吸引力，若社会创业的相关组织方能够多加引导，相信会有更多的高校青年将这种意愿转化为实际行动。

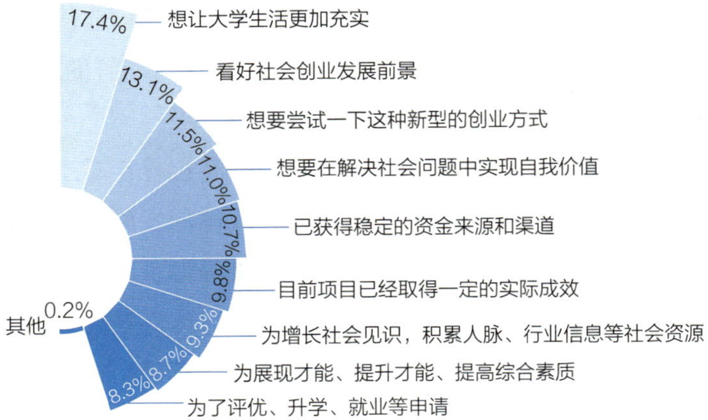

图 6-3　未来参与社会创业项目的原因（多选题）

此外，还是有部分高校青年未来没有计划参加社会创业项目（见图 6-4），这部分高校青年主要是出于自身相关因素的考虑，例如“自身时间安排紧张”“缺乏必要的知识技能储备”；“不了解社会创业，不清楚如何开始”也是高校青年不愿意参与的一个重要原因，这也反映出高校青年参与社会创业的前置基础需要进一步的宣传与引导，让高校青年充分认识和了解社会创业的基本内涵与参与方式，消除高校青年参与社会创业的基础障碍。

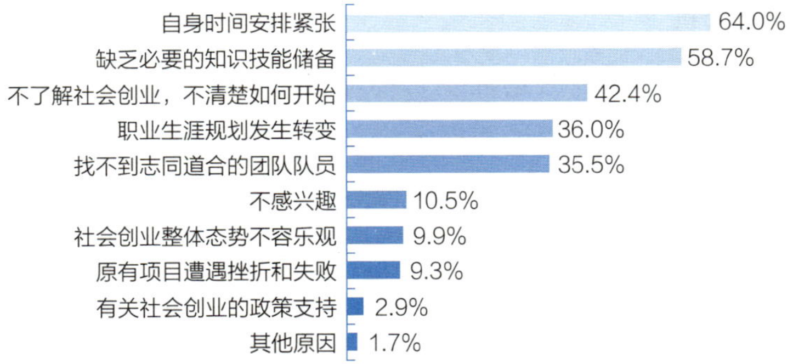

图 6-4　未来不愿意参与社会创业的原因（多选题）

作为相对新型的公益形式，社会创业在模式、社会协作条件等方面都还有很多需要改进的地方，而这些因素可能会成为阻碍高校青年投身社会创业实践的现实因素。那么该如何解决高校青年不参加社会创业的阻碍因素呢？高校青年自身更希望得到何种形式的帮助呢？

三、未来深圳高校青年参与社会创业的愿景

（一）对未来项目队友的期待

2021 年调研数据显示，在参与过社会创业的高校青年样本（517 人）中，有 55.3% 的高校青年在社会创业项目中希望自己的队友具有法律知识，46.2% 的高校青年希望自己的队友具有编程相关技能。

此外，还分别有 39.1% 和 37.9% 的人希望自己的队友善于摄影采访和组织管理。相对而言，大部分高校青年在队友是否擅长撰写文章这方面要求较少（比例为 16.4%）（见图 6–5）。

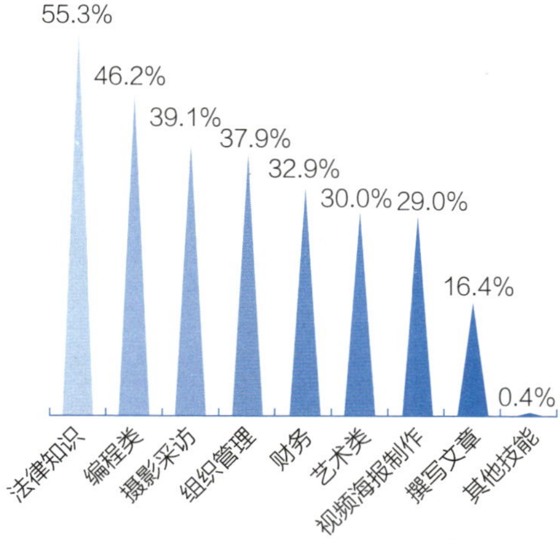

图 6–5　高校青年对未来项目队友的期待（多选题）

（二）对未来项目了解渠道的期待

微信是当下最为便捷的传播媒介之一，高校青年期待能够较为便捷地通过微信等网络媒体与信息渠道了解到社会创业的相关信息。此外，高校开设的相关课程和相关社会创业实践体验也是未来高校青年所期望的了解社会创业的渠道（见图 6–6）。

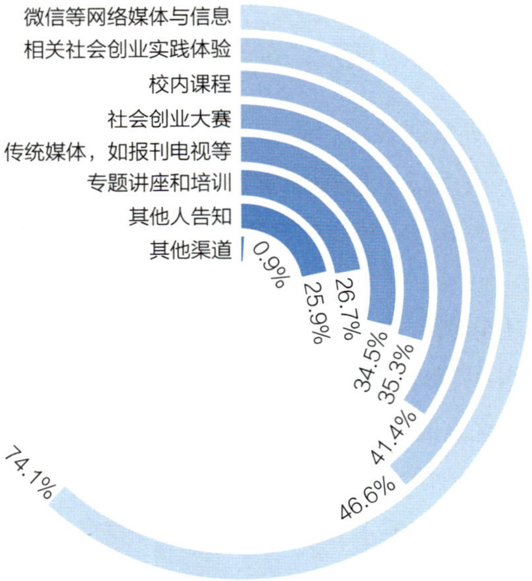

图 6–6　高校青年对未来项目了解渠道的期待（多选题）

（三）对未来项目参与方式的期待

2021 年调研数据显示（见图 6–7），高校青年更愿意通过去社会企业实习得到社会创业的相关经验，此类占比达到了 60.6%；由于通过去社会企业实习所得到的相关经验更加贴合现实，而且未来如果高校青年愿意走向社会创业的道路，这些相关经验将会进一步帮助他们从众多候选人中脱颖而出。

其次是选择加入导师或同学创建的社会创业团队，此类占比达到了 51.4%；而期待与他人合作开创一个新的社会创业项目的高校青年占比略低，达到了 50.0%，说明在当代高校中，部分高校青年愿意自己开创一个全新的社会创业项目，成为领导者，还有部分高校青年愿意加入现有的社会创业项目当中，成为合作者。

整体来看，高校青年首选进入社会企业实习获得社会创业的相关经验；其次是在学校实践活动中获得相关经验。

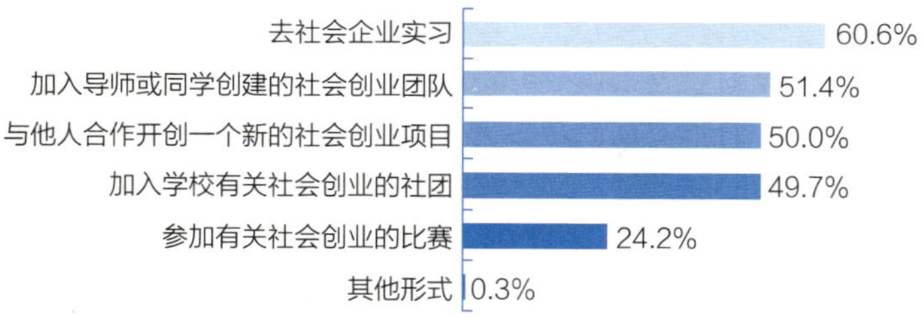

图 6-7　高校青年对未来项目参与方式的期待（多选题）

（四）对未来项目所在领域的期待

2021 年调研数据显示（见图 6-8），信息技术与大众传媒是高校青年未来最为期待的参与领域，其次有接近半数的高校青年选择了扶贫开发领域作为他们在社会创业中第二大希望参与的领域。排名第三的是生态环境领域，占比 42.0%。

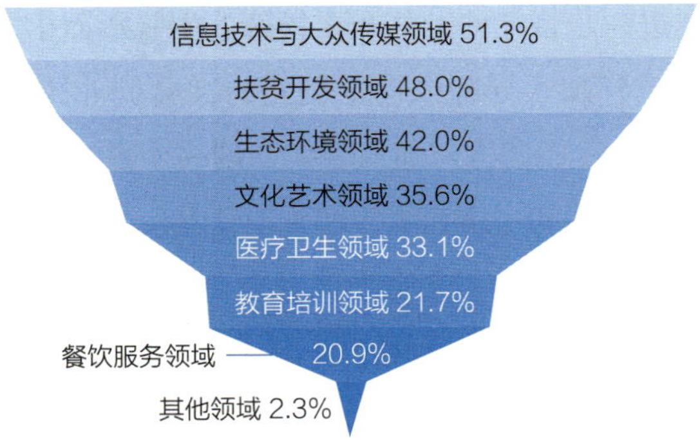

图 6-8　高校青年对未来项目所在领域的期待（多选题）

四、深圳高校青年对社会创业的期待

高校青年对社会创业的期待主要分为对高校和政府的期待两个方面。其中对高校的期待（见图 6-9）中“加强‘互联网 +’大赛‘红旅赛道’或者挑战杯‘公益创业赛道’的宣传和项目辅导”的比例高达 66.1%，“通过实训营、讲座和沙龙等方式传播社会创业理念”的比例为 48.8%，“组织学生参访当地社会企业，近距离了解社会创业”占比也达到了 44.9%。

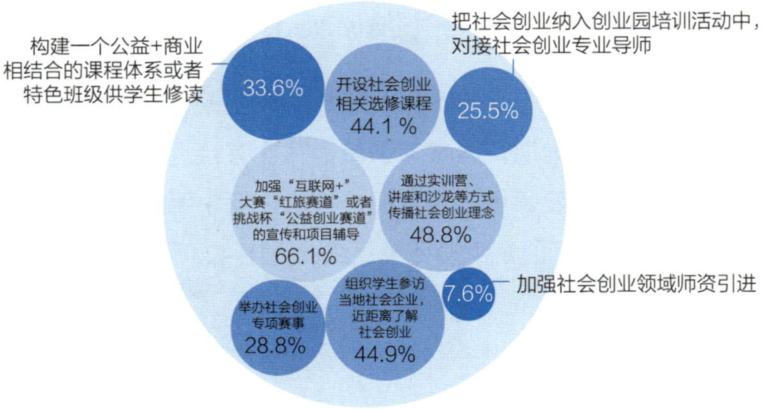

图 6-9　高校青年未来对高校的期待（多选题）

在对政府的期待方面（见图 6-10），高校青年希望政府“为社会创业项目提供种子资金支持”的比例达到 62.9%，而“为社会企业发展提供支持政策”紧随其后，比例为 58.0%。

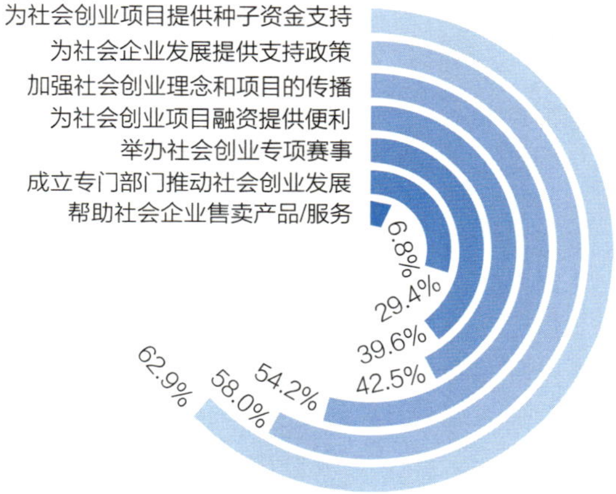

图 6-10　高校青年未来对政府的期待（多选题）

根据调研数据可以看出，高校青年对于参加社会创业的期待在高校和政府两个方面均有涉及，反映出他们对于社会创业的思考不局限于某一方面，而是希望通过各个主体的通力合作解决问题，体现了高校青年对于自身定位、社会创业参与的了解。高校青年对于高校和政府的期望主要还是来自提供外部机遇、平台等方面。

第三部分

深圳高校青年的公益职业参与

关键词：公益职业参与

摘要：公益领域是和公共利益相关的领域总称，不是狭义的公益慈善。公益领域机构包括但不限于公益组织（又分为基金会、社会团体、社会服务机构）、企业相关公益部门、社会企业等创新组织。对粤港澳高校青年来说，他们在参加的专业类项目或实践、实习、求职等和职业发展相关的活动中，也许都曾接触过公益领域。公益是一个很重要的主题，相关群体也在不断扩大。那么，如何让粤港澳大湾区的高校青年们未来在面临职业道路选择时投身公益领域是一个值得深入探讨的话题。

第三部分内容基于新木·2022深圳高校青年公益人才发展需求调研数据撰写完成，侧重点在“职业”和“人才”，主要从公益领域的职业发展和人才需求的角度进行分析。首先介绍了公益领域机构的概念，然后研究高校青年在公益职业选择时的个人、学校、行业、社会因素。第三部分在主题方面与第一部分和第二部分一脉相承，但在切入角度方面，深入公益领域的职业发展问题，探究高校青年投身公益领域的可能性，以及针对现存问题提出对策。相较于第一部分和第二部分，第三部分更注重探讨高校青年在职业选择层面与公益领域的联系。本部分最后一章将根据第一至第三部分的数据情况，结合社会、学校、公益组织等各主体提出对深圳高校青年公益实践的发展建议。

本部分调研回收问卷共计1417份，有效问卷1137份，有效率为80.2%。各学校样本数量构成情况如图1～图3所示。

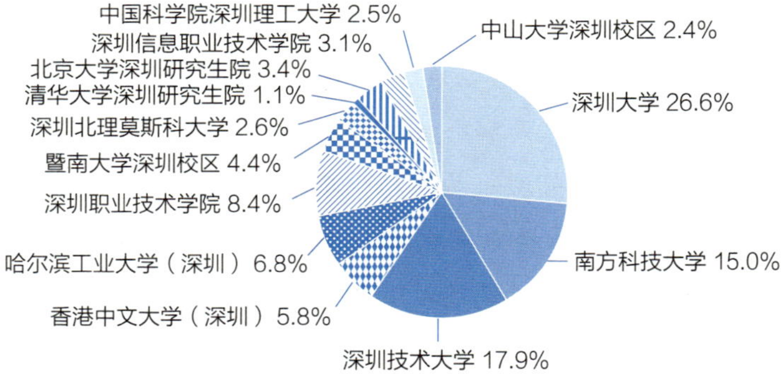

图 1　本次调研各高校样本的最终回收情况

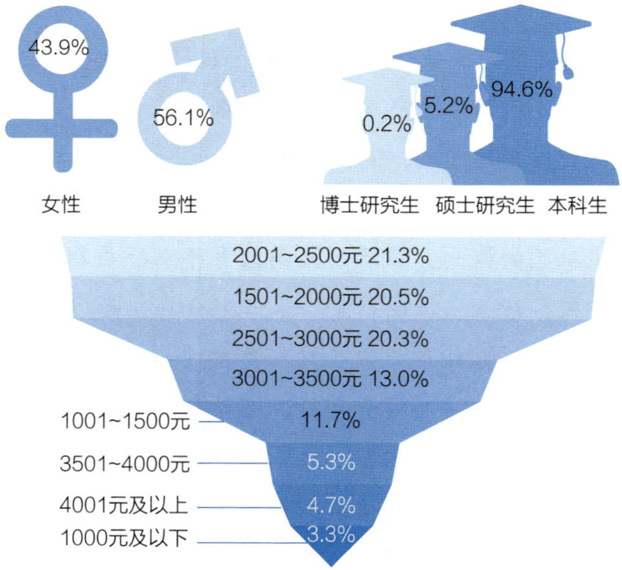

图 2　本次调研各高校样本的性别、学历、收入构成情况

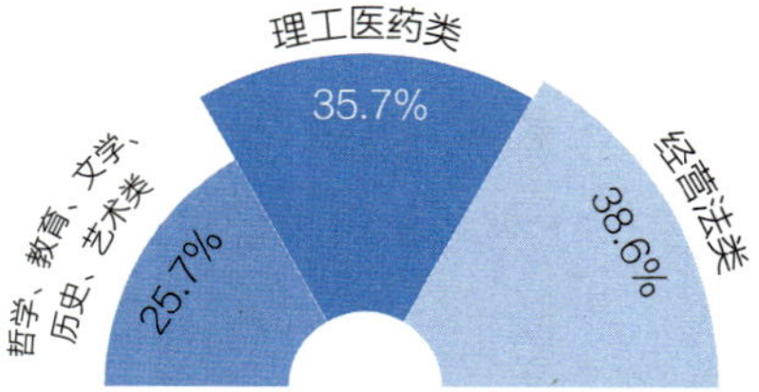

图 3　本次调研各高校样本的专业构成情况

第七章
影响高校青年公益职业参与的个人因素

一、深圳高校青年公益职业参与的现状分析

（一）高校青年对公益领域的认知和意愿

此次调研的 1137 位高校青年中，有 949 位高校青年表示平时关注并且参与公益，占比约为 83.5%；有 121 位高校青年表示平时关注但无参与公益的经历，占比约为 10.6%；有 16 位高校青年表示平时不关注且不参与公益，占比约为 1.4%；对于公益的关注和参与度表示一般的高校青年有 51 位，占比约为 4.5%（见图 7–1）。

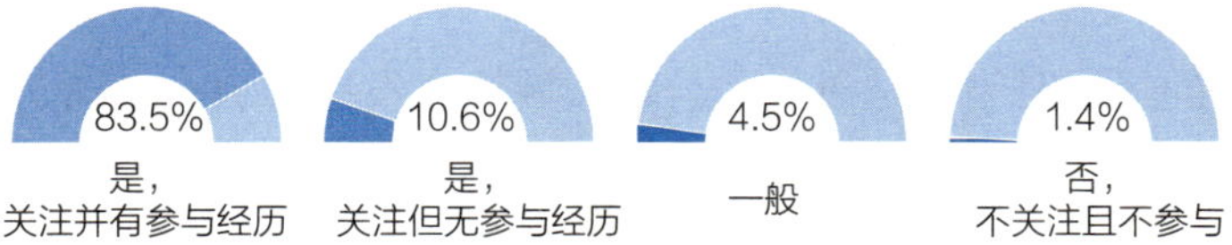

图 7–1　高校青年对公益的关注和参与情况

由此可见，高校青年对于公益活动具有较高的关注度和参与度，但仍然存在高校青年有关注但由于某些原因无法参与的情况。

在 1.4% 表示不关注且不参与公益的高校青年中，不关注 / 不参与的主要原因在青年个人和宣传渠道两个方面。其中高校青年没有时间和不感兴趣是主要原因，占比分别为 68.8% 和 56.2%；此外，也存在一部分高校青年是因为没有渠道了解以及学校较少普及公益领域信息而不关注 / 不参与（见图 7-2），说明公益机构对公益领域的宣传力度仍有待提高，同时也反映出高校关于公益领域的宣传普及对能否吸引高校青年也起到一定的作用。

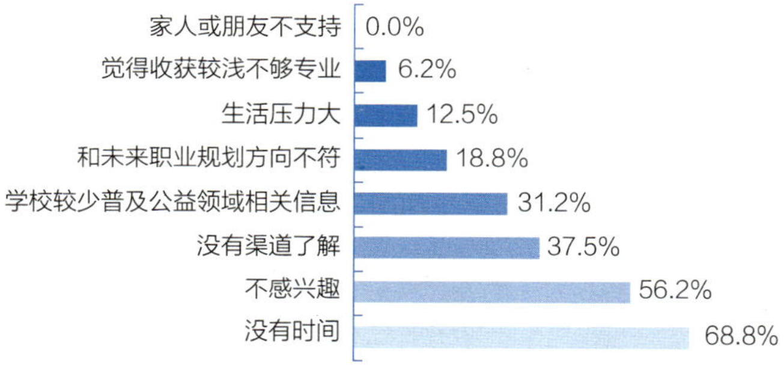

图 7-2　高校青年“不关注 / 不参与”公益的原因（多选题）

上述关注和参与公益的经历，能够促使高校青年中 91.0% 的样本人群考虑进入公益领域工作。但仍有 4.4% 的高校青年不考虑进入公益领域工作，4.6% 的高校青年认为这种关注和参与公益的经历对于其是否进入公益领域工作没有影响（见图 7-3）。

图 7-3　公益活动的宣传和实际参与对高校青年选择公益领域就业的影响

以上数据表明公益活动的宣传和实际参与经历对于吸引高校青年选择公益领域就业能够起到重要作用，未来可以考虑将高校青年实际参与公益活动作为宣传公益领域的一大方式，同时增加面向高校青年的公益活动。

高校青年"不考虑进入公益领域工作"，其主要原因是"和未来职业规划方向不符"，占比约为 69.3%（见图 7-4），这说明对于高校青年来说，较早拥有较清晰的未来职业规划方向或成为一大发展趋势，进而说明应当重视向高校青年宣传公益领域的时机，以及高校对于吸引高校青年选择公益领域就业的重要性。因此公益机构可以尽早加大对于公益领域的宣传，在高校青年确定自身未来职业发展方向之前做足宣传公益领域的工作。

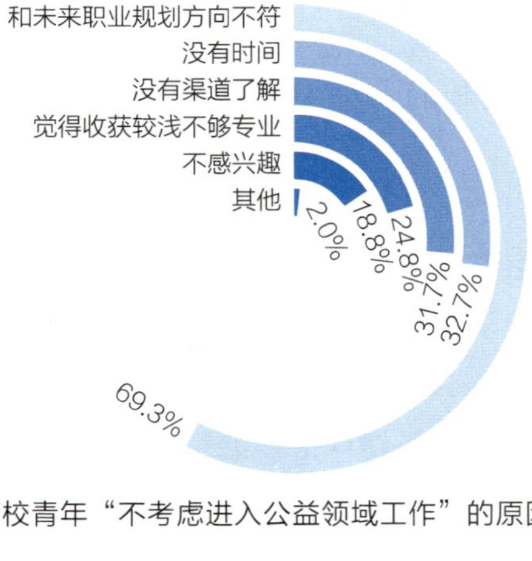

图 7-4　高校青年"不考虑进入公益领域工作"的原因（多选题）

（二）高校青年倾向参与公益领域的形式

根据2022年调研数据显示，参与志愿活动和关注相关信息成为高校青年倾向参与公益领域的主要形式，说明对于公益领域的专业类项目/实践、实习、求职等仍需要进行广大宣传，同时说明高校青年对于公益领域的认识仍局限于参与志愿活动（见图7-5）。

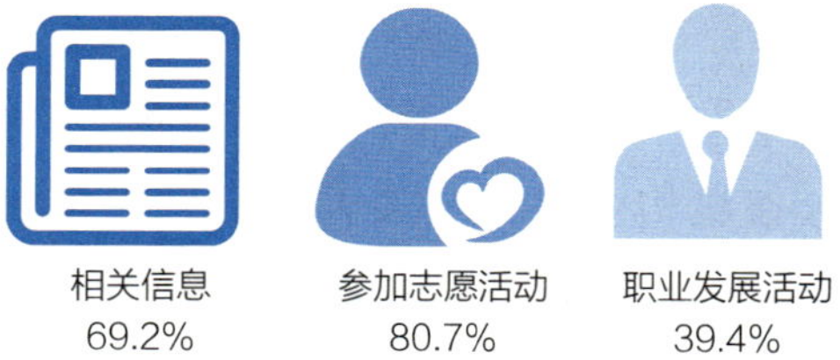

图7-5 高校青年参与公益领域的主要形式（多选题）

（三）高校青年对在公益领域就业的看法

通过横向比较，我们发现仍有一定数量的高校青年没有较大信心在公益领域找到一份满意的工作或是对个人在公益领域的发展表现出不自信，这也可能受到目前就业局势的影响，但仍然有超过80%的高校青年对此表现出自信。

此外，高校青年都具有很强的独立意识，遵循自己的意愿来选择是否在公益领域发展，同时家人和朋友的支持也会对个人选择产生较大影响（见图7-6）。

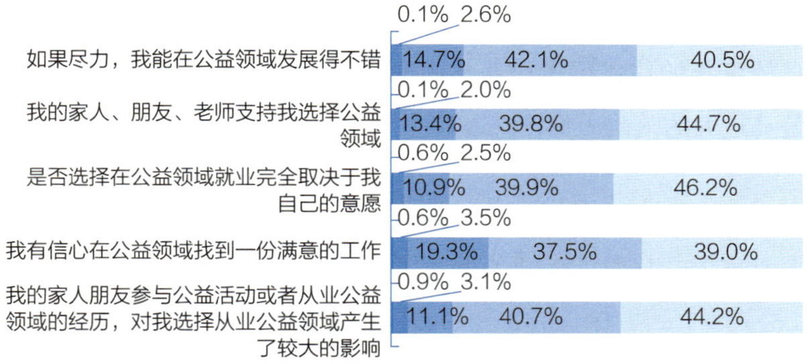

图 7-6　高校青年对在公益领域就业的看法

二、深圳高校青年公益职业活动参与情况

（一）在校期间参与公益领域职业发展活动现状

根据 2022 年调研数据显示，在校期间共有 896 位受访高校青年参与过公益领域职业实践活动，占比为 78.8%；241 位高校青年没有参与过相关的职业发展活动，占比为 21.2%（见图 7-7）。

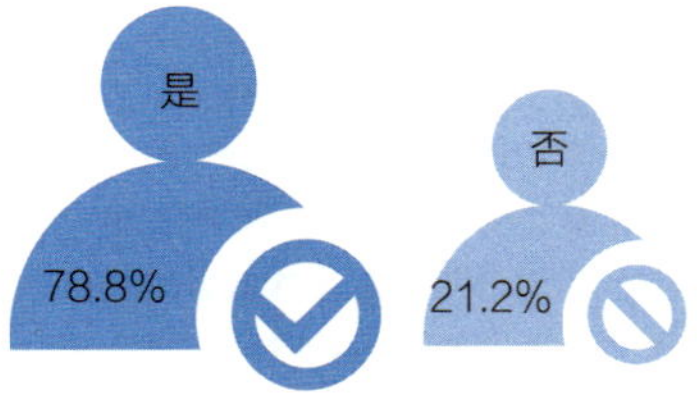

图 7-7　在校期间高校青年参与公益领域职业发展活动情况

其中，高校青年未参与公益领域活动的原因主要有内外部

两方面。从外部情况看，公益领域的职业发展活动仍缺乏面向高校青年的信息渠道；而在内部因素上，高校青年的时间安排是其最大的阻碍（见图 7–8）。

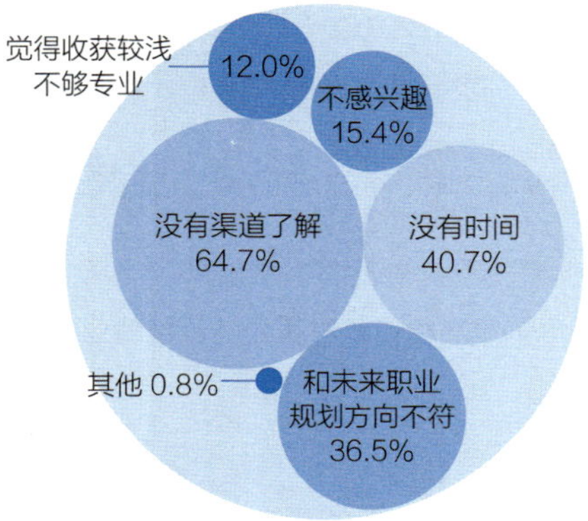

图 7–8　高校青年未参与公益领域活动的原因（多选题）

深入分析高校青年参与公益职业发展活动的动机，首先是参与该类活动符合未来职业发展规划，此外社交需求和提升相关知识和技能也是重要原因，主要是以自我驱动为主，出于帮助他人、自我价值实现等利他主义目的的比例较少。也有少部分高校青年受到外部驱动，如学校动员组织等（见图 7–9）。

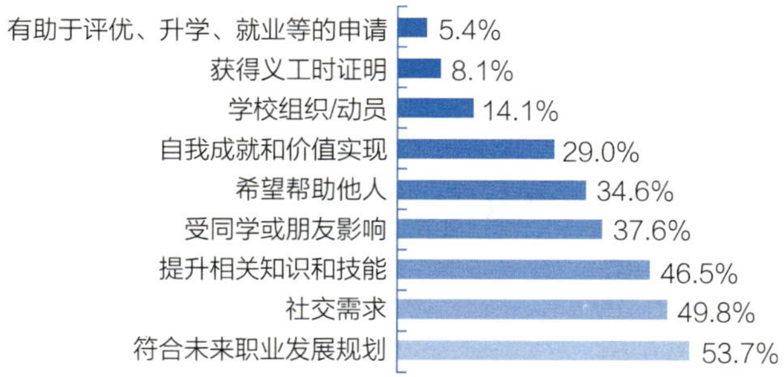

图 7–9　高校青年参与公益职业发展活动的动机（多选题）

（二）参与公益领域职业发展活动的形式和机构

高校青年往往以专业类项目 / 实践的形式参与公益领域相关的职业发展活动，实习的形式也有超过一半的比例。但最终以求职落地的形式较少，一方面可能是因为大部分高校青年并不打算将此作为职业，另一方面也可能是因为以该类招聘为主的活动较少（见图 7–10）。

图 7–10　高校青年参与公益领域职业发展活动的形式（多选题）

高校青年所参与的公益领域职业发展活动主办方机构往往是社会服务机构（如青少年社工服务中心、医务社工机构等），占比超过 70%，其次有 55.5% 的高校青年参与过社会团体（如深圳市慈善会），基金会和企业相关公益部门都为 40% 左右，而参与度最少的是社会企业，这可能与其在高校青年中的曝光度及招募对象有一定关系（见图 7–11）。

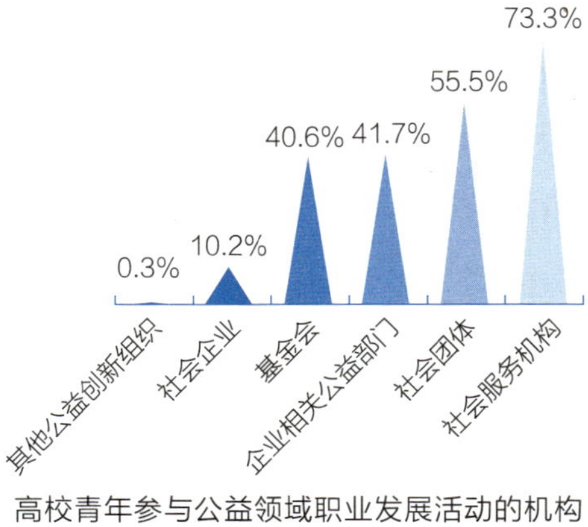

图 7–11　高校青年参与公益领域职业发展活动的机构（多选题）

（三）高校青年了解公益职业发展活动的渠道

当下高校青年接触公益职业发展领域的渠道主要来自社交媒体和课内课程，调研发现，高校青年往往通过微信和社会化媒介等流量平台获取公益职业发展活动相关信息，而通过线下宣传和他人介绍等渠道了解的较少。这也从某种程度上说明了学校对公益领域相关职业发展活动的推广较少（见图 7–12）。

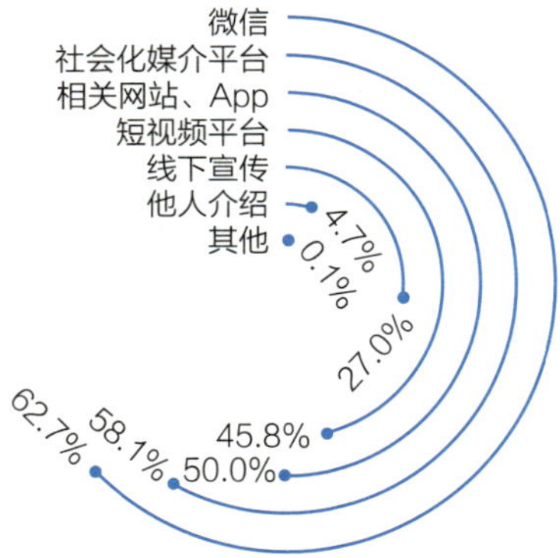

图 7–12　高校青年了解公益职业发展活动的渠道（多选题）

（四）高校青年参与公益职业发展活动的感受

近半数参与了职业发展活动的高校青年都对技能提升、人脉积累、价值实现和履历收获等四个方面感到满意。其中人脉积累在满意度方面不如其他三项，不满意的占比相对较高（见图 7–13）。

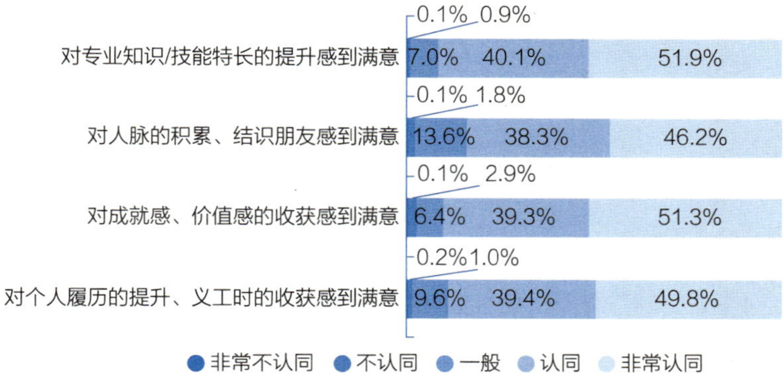

图 7-13　高校青年参与公益职业发展活动的感受

第八章

影响高校青年公益职业参与的学校因素

一、深圳高校青年在校获取公益职业信息的现状分析

（一）在校期间是否接触过公益领域的普及信息

2022 年调研数据显示，在校期间接触过公益领域普及信息的高校青年有 1041 人，占比为 91.6%，有 96 人表示没有接触过公益领域的普及信息，占比为 8.4%（见图 8–1）。

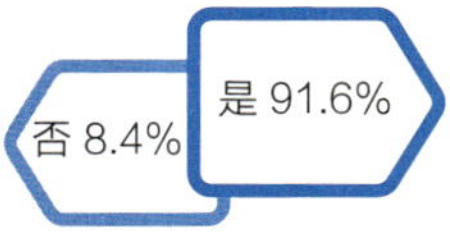

图 8–1　高校青年在校期间是否接触过公益领域普及信息

其中，高校青年在校期间没有接触过公益领域普及信息的原因主要是没有渠道了解以及和未来职业规划方向不符，占比分别为 62.5% 和 41.7%，依旧证实部分高校对于公益领域相关信息的普及不够，仍存在一定的提升空间，故公益机构可以重视并加大和高校的合作（见图 8–2）。

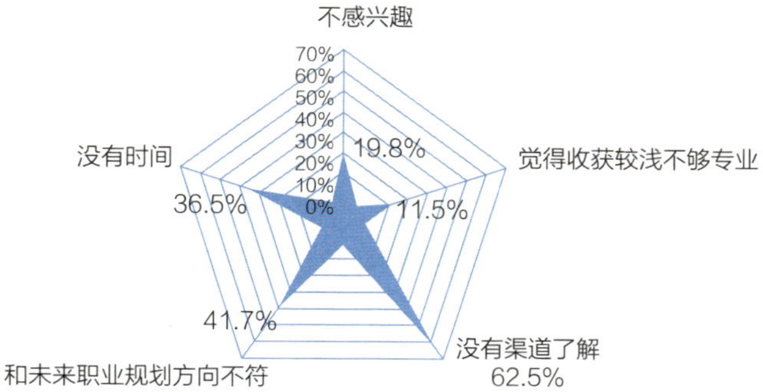

图 8-2　高校青年在校期间没有接触公益领域普及信息的原因（多选题）

（二）高校青年喜欢的公益领域信息普及形式

在学校普及公益领域信息的形式中，高校青年最喜欢的是提供职业发展机会和举办相关活动，分别占比 77.7% 和 76.3%，倾向自媒体平台资讯和开设课程形式的占比相对较小（见图 8-3）。

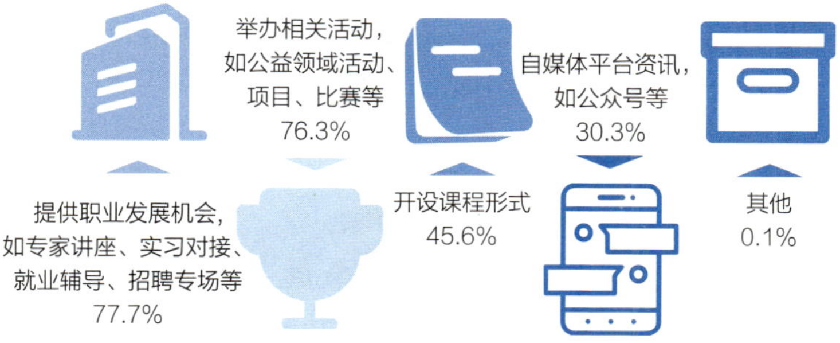

图 8-3　高校青年喜欢的公益领域信息普及形式（多选题）

一般而言，自媒体公众号的宣传是高校青年接触信息最方便、最擅长的方式，但本次调研数据却发现高校青年更加倾向注重实践能力和关注未来职业发展方向的宣传方式，这说明新时代的高校青年在灵活使用互联网并获取相关信息的同时，不再局限于理论知识，更加注重实践能力的培养和比赛经验的积累，同时也更加重视未来职业发展规划。

其中，高校青年印象中所接触的公益领域信息，占比最多的是职业发展类，约为53.5%，非职业发展类占比为37.2%，仅9.3%的高校青年认为接触最多的是知识学习类信息（见图8–4）。

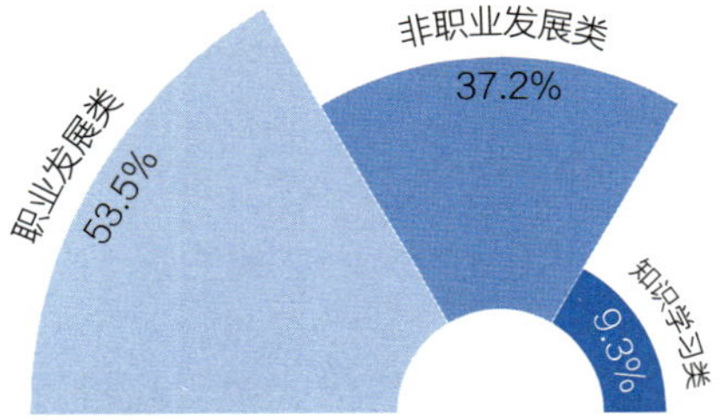

图8–4　高校青年所接触的公益领域信息类型

其中，高校青年印象中公益领域机构提供的职业发展类信息占比最高的是专业志愿者项目实践，正式员工招聘和岗位实习类信息占比相对较小（见图8–5）。

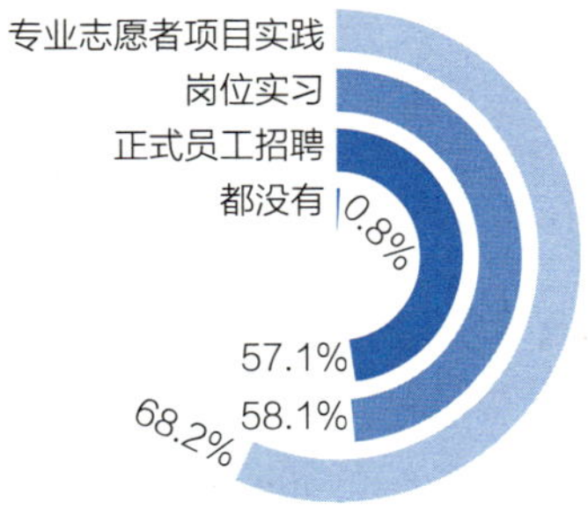

图8–5　高校青年所接触的职业发展类信息情况（多选题）

二、高校促进青年关注公益领域的现状

（一）高校青年对于公益领域的职业兴趣

2022年调研数据显示，绝大多数高校青年表示想要深入了解公益领域，同时也表示对公益领域充满热情（见图8–6）。

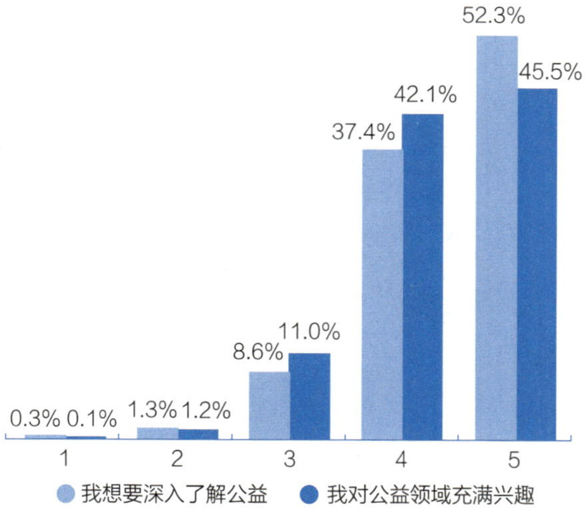

图8–6　高校青年对于公益领域的职业兴趣（数字越大感兴趣程度越高）

（二）高校倾向普及的公益方向

在高校青年的印象中，学校有关公益领域职业发展类信息的普及，出现最多的公益方向是扶老、救孤、恤病、助残、优抚，比例约为64.6%；同时，救助自然、事故灾难和公共卫生等突发事件造成的损害这一方向和促进教育、科学、文化、卫生、体育等事业的发展方向也相对较多，占比分别为59.4%和54.5%（见图8–7）。

扶贫、济困方向则占比相对较低，说明近年来高校对于公益领域职业发展类信息的普及已跳出对于公益领域的刻板印象，宣传方向愈来愈全面。

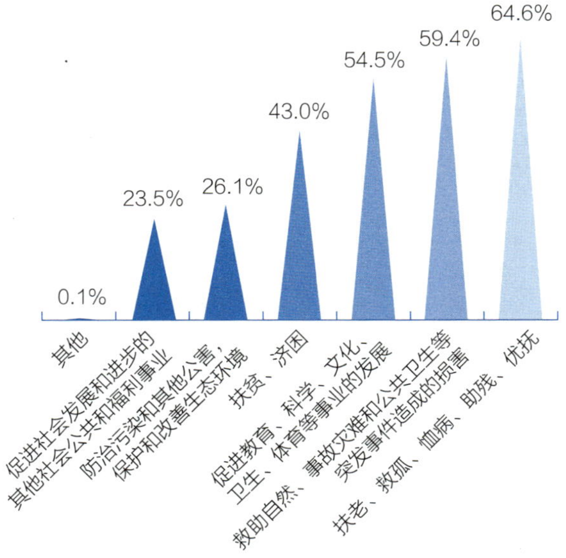

图 8-7　高校倾向普及的公益方向（多选题）

（三）高校倾向普及的公益领域机构

在高校青年的印象中，学校有关公益领域职业发展类信息的普及，出现最多的公益领域机构是社会服务机构，比例为71.8%，其次是社会团体，比例为61.3%，再次是基金会和企业相关公益部门，比例分别为45.8%和42.4%，而社会企业占比仅为17.3%（见图8-8）。可见，社会服务机构是学校倾向普及的主要公益领域机构。

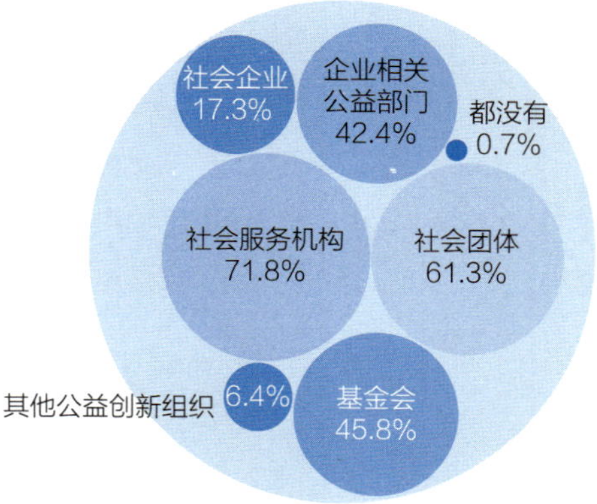

图 8-8　高校倾向普及的公益领域机构（多选题）

第九章

影响高校青年公益职业参与的行业因素

一、未来深圳高校青年选择从业公益领域的可能

2022 年调研数据显示，在未来毕业选择职业时，愿意进入公益领域的高校青年有 841 位，占比为 74.0%，选择不进入公益领域的高校青年有 109 位，占比为 9.6%，还在考虑的高校青年有 187 位，占比为 16.4%（见图 9–1）。

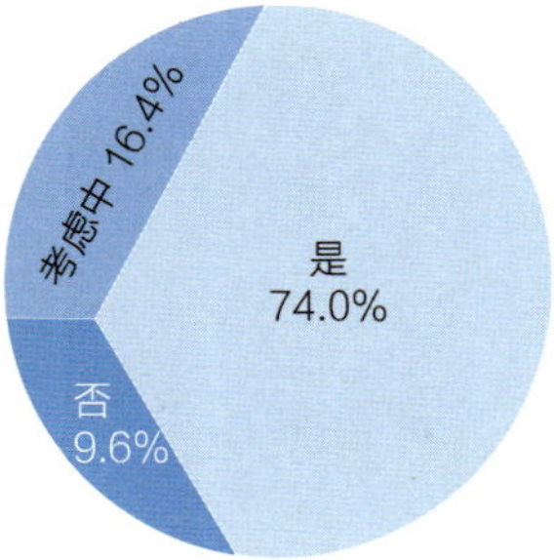

图 9–1　高校青年毕业时是否愿意选择公益领域

（一）选择从业公益领域的原因调研

"所处社会关系及环境影响"和"热爱公益，希望帮助他

人”两者是高校青年未来选择从业公益领域的重要原因，反映了高校青年乐于助人的精神和对新冠疫情特殊时期的积极回应（见图 9-2）。未来，对于公益领域岗位的宣传可以适当地加大力度，尽可能有力地满足高校青年对公益领域的期待。同时，“在校的经历影响”也是影响高校青年选择从业的重要原因，因此，可以考虑联合校方多进行公益领域的相关宣传，开展更多的相关活动，增加青年的好感度。

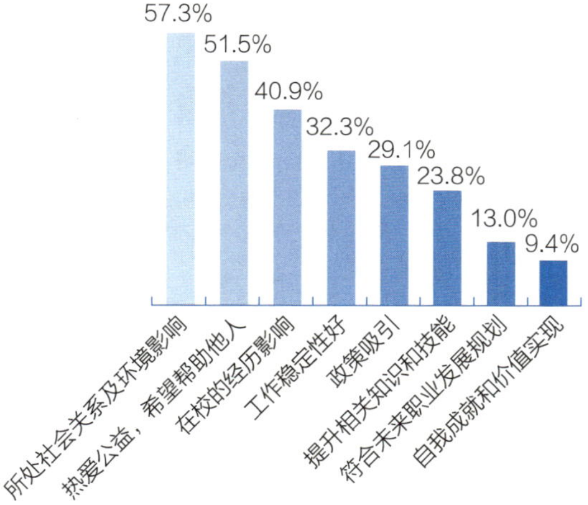

图 9-2　高校青年选择从业公益领域的原因（多选题）

（二）选择不从业公益领域的原因调研

对于选择不从业公益领域的高校青年来说，“薪酬待遇低”和“和未来职业规划方向不符”是影响他们选择的关键因素（见图 9-3），说明不选择公益领域的高校青年在选择职业的过程中对物质条件和未来发展方向非常关注。

未来，公益领域相关岗位在招聘的过程中，应注重宣传自身在薪酬待遇方面的优势，从而改变高校青年们对这个方面的刻板看法。此外，工作不稳定、发展前景不好及晋升路径狭小等也成了阻碍高校青年选择公益领域的重要因素。因此，对于高校青年投入一定关于公益领域的认知补充是很有必要的。

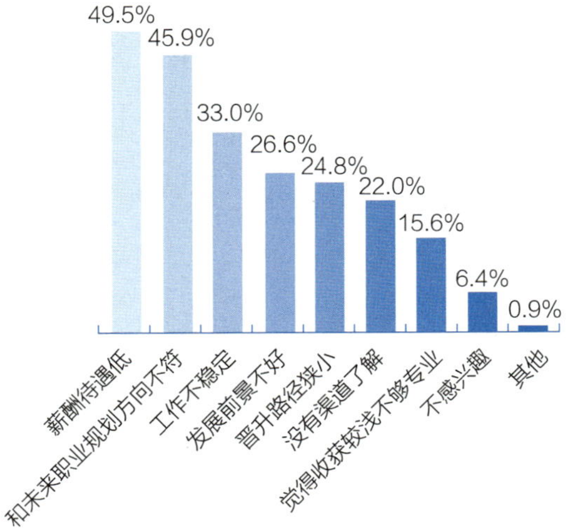

图 9-3　高校青年选择不从业公益领域的原因（多选题）

（三）未来是否从业公益领域仍在考虑中的原因调研

对于还在犹豫是否进入公益领域的高校青年来说，他们担心的首要因素是公益领域“薪酬待遇低”，“工作不稳定”也是比较担忧的一方面（见图 9–4）。

在接下来的问题“如果上述条件得到满足，我多大程度愿意进入公益领域就业”回答中，大多数同学在自己顾虑得到解决后愿意进入公益领域从事工作（见图 9–5）。据此，解决高校青年眼中公益领域“薪酬待遇”问题对于吸引青年进入公益行业是关键点。

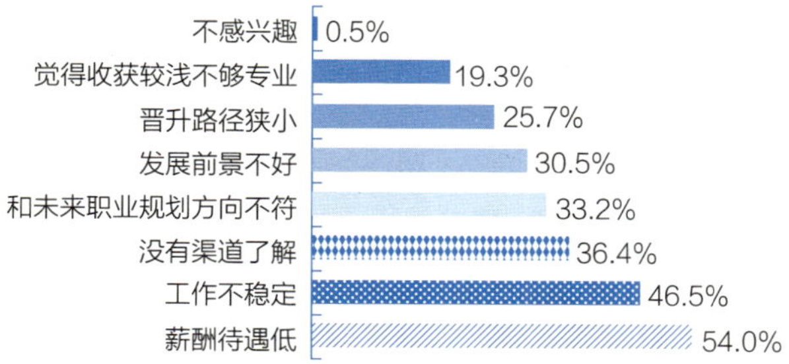

图 9-4　高校青年仍在考虑是否从业公益领域的原因（多选题）

图 9-5　高校青年在顾虑得到解决后从业公益领域的意愿情况

二、深圳高校青年从业公益领域的偏好情况

（一）从业公益领域内容偏好情况调研

高校青年对于“教育”和“健康”这两个公益领域的感兴趣程度最高，这在很大程度上说明了高校青年们对于当前人类的健康发展以及社会发展相当重视，而在“环保”和“养老”两个公益领域，高校青年们也表现出了较大兴趣（见图 9-6），显然高校青年对将来中国社会乃至世界的发展情况非常关注，目前老龄化问题是中国未来发展的一大难题，而“环保”对于全世界来说都非常重要。

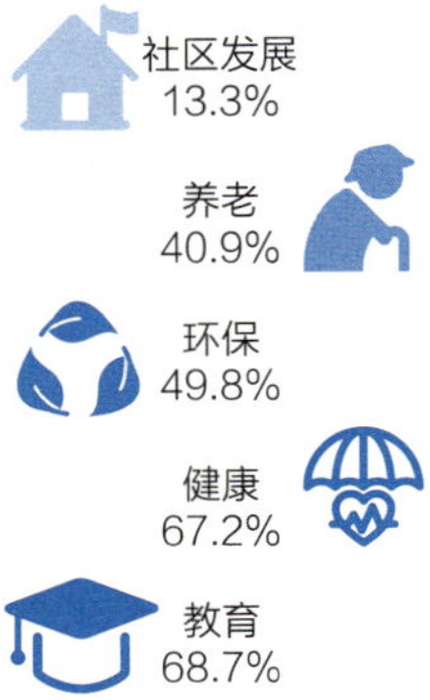

图 9-6　高校青年从业公益领域内容偏好情况（多选题）

（二）从业公益领域就职机构偏好情况调研

对于就职机构类型，大多数同学选择了“社会服务机构”（举例：青少年社工服务中心、医务社工机构）这一类型，还有部分同学认为“企业相关公益部门”（举例：社会责任部、公共事业部、可持续事业部）也是不错的就职机构（见图 9-7），可见这两类机构招新竞争优势相对于其他机构来说更大一些。

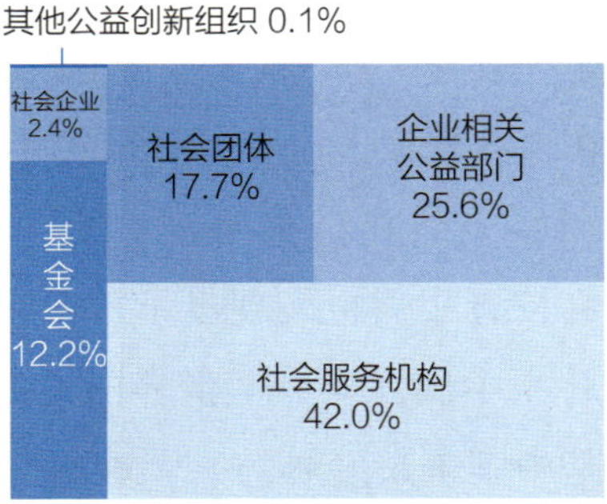

图 9-7　高校青年从业公益领域就职机构偏好情况（多选题）

（三）从业公益领域岗位了解及偏好情况调研

2022 年调研数据显示，筹款类岗位对于高校青年来说是最陌生的岗位，其次是宣传类岗位和产品类岗位。如果进入公益领域，他们会首先选择宣传类岗位、筹款类岗位、产品类岗位（见图 9-8），可见青年们对待自己不熟悉的岗位依然愿意选择迎难而上。对于公益领域来说，对青年们普及相关岗位的职责显得十分重要。

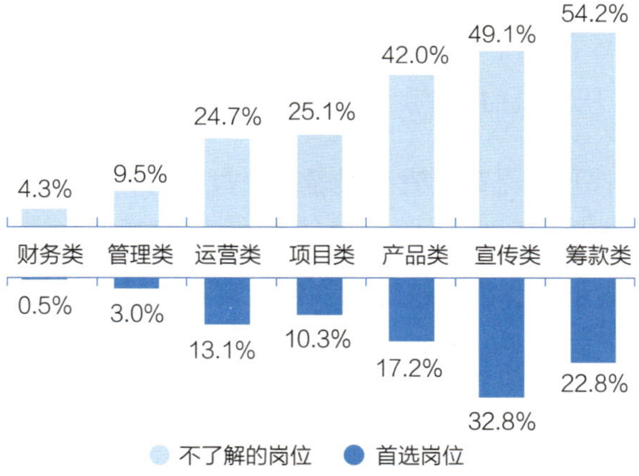

图 9-8　高校青年从业公益领域岗位了解及偏好情况（多选题）

（四）从业公益领域时间偏好情况调研

在 1088 位高校青年中，有 378 位高校青年表示自己想在公益领域从业 3~5 年时间，占比 35.4%。同时，449 位高校青年表示 1~3 年是首要选择，占比 41.3%（见图 9-9），可见现在高校青年从业公益领域的时间有一定的稳定性，但从整体来看并不是长期的。

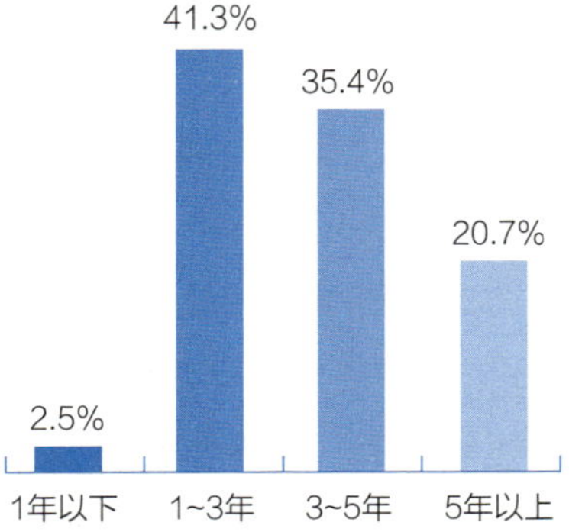

图 9-9　高校青年从业公益领域时间偏好情况

（五）从业公益领域期望达到的职业状态情况调研

“中级岗位”是高校青年最希望通过努力并经过一定时间达到的职业状态，占比 57.1%（见图 9-10），侧面说明大多数高校青年对于从业于公益领域带有一定的目标并真切希望取得一定职业成就。对于“如果能在就职期间达到预期的目标，我愿意继续从业于公益领域”这个问题，有 805 位青年选择“是”，占比 95.7%（见图 9-11），可见如果能在公益领域有较好的发展前景，绝大多数青年愿意留在公益领域继续发展。

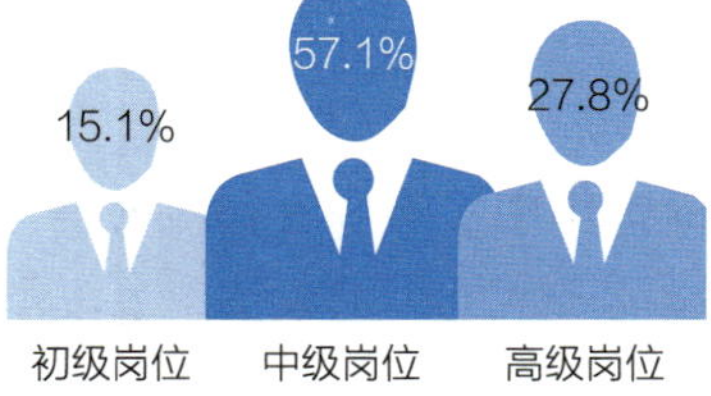

图 9-10　高校青年从业公益领域期望达到的职业状态情况

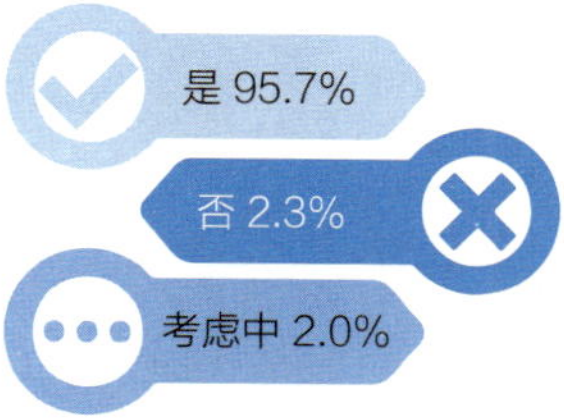

图 9-11　高校青年就职公益领域达到预期状态后继续从业的意愿情况

1. 愿意留在公益领域的原因

有 64.5% 的高校青年愿意留在公益领域的原因是“发展前景很好”，同时，有 62.4% 的高校青年认为从业于公益领域能够“收获到专业的知识”，这也是他们愿意留在公益领域继续从业的重要因素，还有 54.2% 的高校青年表示“达到了预期的职业发展目标”，所以愿意留在这里继续发展（见图 9-12）。

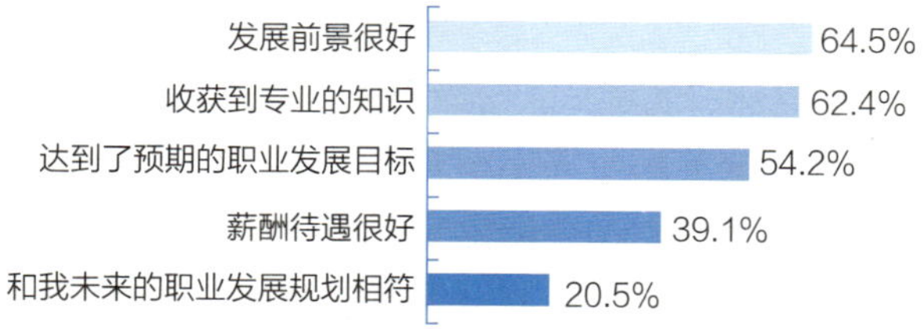

图 9-12　高校青年愿意留在公益领域的原因（多选题）

2. 不愿意留在公益领域的原因

“发展前景不好”是 33.3% 的高校青年不愿意留在公益领域的原因，与愿意留在公益领域的原因进行对比，说明现在公益领域在部分高校青年心中的印象有较大差异，未来可以增加公益领域在这方面的相关信息。同时，有 27.2% 的高校青年认为“晋升路径狭小”，还有 15.0% 的高校青年表示“和未来职业规划方向不符”（见图 9-13）。

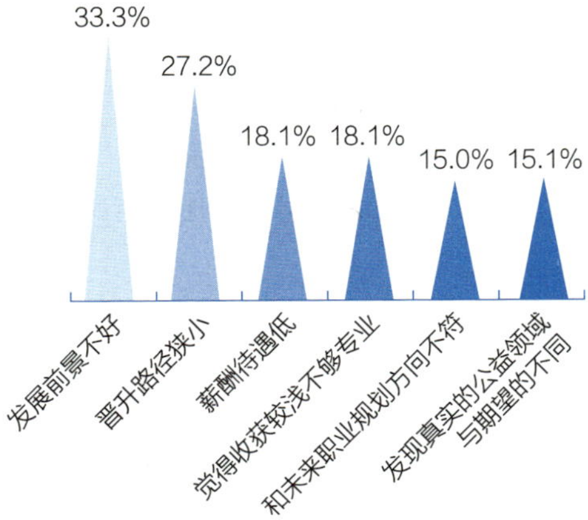

图 9-13　高校青年不愿意留在公益领域的原因（多选题）

三、深圳高校青年离开公益领域原因探究

对于高校青年来说，如果遇到“经济发展状况不佳”“工作过程遭到巨大困难，且无法解决”以及“因社会环境受到阻碍”等情况，会有很大的可能离开公益领域。此外，“公益领域相关支持政策减少”“特殊家庭因素”这两类情况也是容易促使高校青年离开公益领域的重要原因（见图 9-14）。

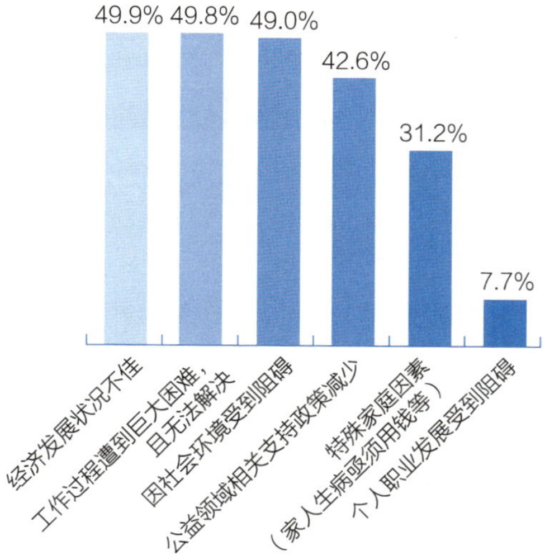

图 9-14　高校青年离开公益领域的原因（多选题）

四、深圳高校青年薪资期望情况调研

对于"（以深圳地区为例）我期望的薪资水平"问题，绝大多数人选择了 5000~8000 元（占比 52.9%）和 8000~10000 元（占比 33.0%），由此可见大多数高校青年的期望薪资水平在 5000~8000 元和 8000~10000 元这两个区间。与此相应的是高校青年可接受薪资水平相对较低，选择 5000~8000 元的人数占比 39.4%，选择 8000~10000 元的占比 39.1%，可见高校青年的可接受薪资虽然略低于期望薪资，但总体上仍然处于 5000~8000 元和 8000~10000 元两个区间（见图 9-15）。

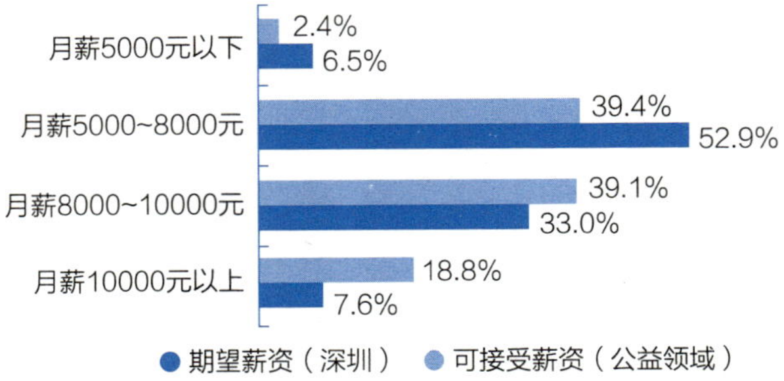

图 9-15　高校青年薪资期望情况

第十章
影响高校青年公益职业参与的社会因素

一、政策因素

（一）高校青年对公益领域相关政策的了解程度

产业政策是我国政府宏观调控的重要手段。公益领域中也存在一些政府的扶持政策，比如国家为慈善事业提供金融政策支持，鼓励金融机构为慈善组织、慈善信托提供融资和结算等金融服务。调研数据显示，在调研的1137位高校青年中，超过75%的高校青年对公益领域的相关政策都是有所了解的，其中有452位青年（占比为39.8%）表示对“我了解政府支持公益领域发展的相关政策”这一说法非常认同（见图10–1）。

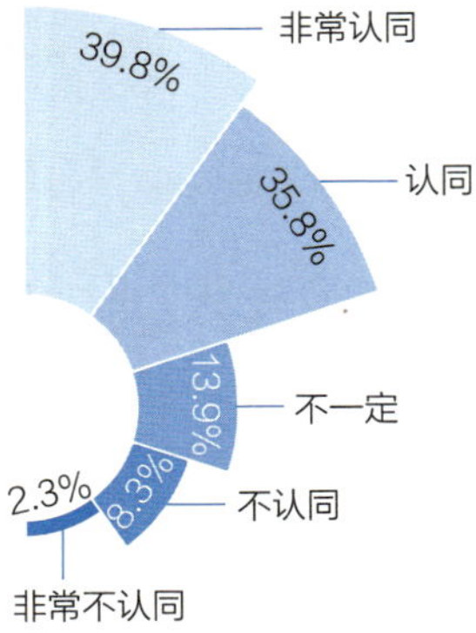

图 10-1　高校青年对“我了解政府支持公益领域发展的相关政策”的认同情况

（二）公益领域发展中政府政策的意义

政府针对公益领域所制定的方针政策、法律法规都是影响公益领域政治环境的因素。对于“我认为公益领域未来的发展离不开政府支持”这一说法，有近九成的被调青年表示认同。说明在高校青年的心中，政府对公益领域的扶持政策具有一定的必要性。

但目前，我国在公益领域的政策制定环节上略显薄弱，大多数地区的政府部门并没有对公益领域进行真正的有针对性的扶持。因此未来的发展中，政府在公益领域可以更加有效地发挥其效用。

此外，2022 年调研数据显示，有近 1000 位高校青年认为自己未来会因相关扶持政策在职业道路规划中选择进入公益领域发展。未来的公益领域发展离不开高校青年新鲜血液的注入，而相关的扶持政策又是吸引高校青年进入该领域的重要因素之一。由此可以看出，政府出台的扶持政策有利于未来公益领域蓬勃发展（见图 10–2）。

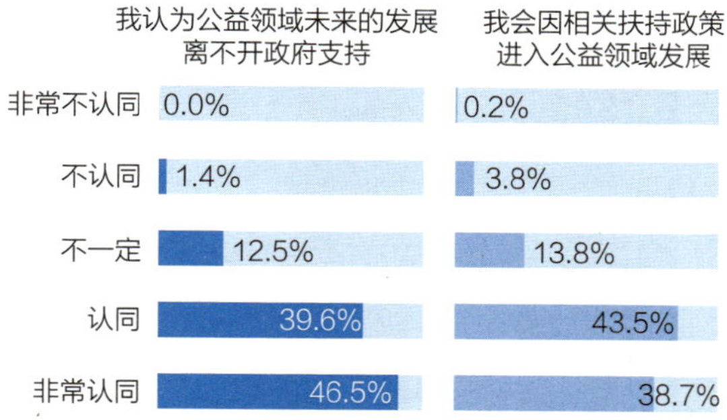

图 10–2　高校青年对公益领域相关政策意义的认知情况

（三）高校青年侧重的相关政策

相关政策主要分为四个方面：财政补贴方面，如政策性贷款、税收减免、帮助中小型企业申请发展贷款等；技术支持方面，如技术培训、信息服务等；环境建设方面，如提供良好的投资环境、加强基础设施建设等；人才帮扶方面，如提供公益人才支持、完善公益人才服务流程等。

2022 年调研数据显示，高校青年认为政府出台的相关政策中，财政补贴与人才帮扶方面相对来说是更加重要的。资金在公益领域中是非常重要的，因此，高校青年在面对不同方向的政策扶持时认为财政补贴是更加侧重的部分。充足的资金有利于公益领域的可持续发展。除此之外，人才也是当今社会越来越关键的一部分，因此，未来的政策制定中也要充分考虑人才帮扶这一方面（见图 10–3）。

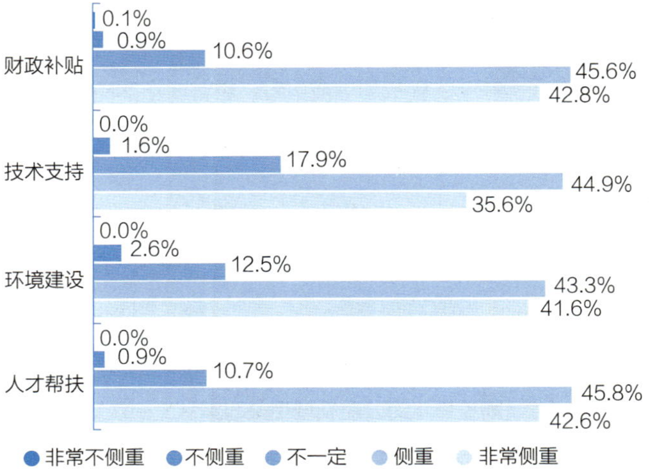

图 10-3　高校青年对公益领域相关政策的偏好情况

公益领域的发展同样离不开政府提供的技术支持和环境建设。公益领域的发展需要与时俱进，同大数据时代相结合，也需要一个良好的发展环境和发展空间。公益领域的发展离不开政府政策的支持，但不能够仅仅依靠政府的帮扶，更需要公益人才和有志高校青年的努力。未来如果能有政府的强力支持，公益事业定能稳步发展。

二、新冠疫情因素

以下所说的“新冠疫情”均指 2020 年初暴发的新冠肺炎疫情。

（一）新冠疫情对高校青年在公益方面的行为态度的影响

高校青年在公益方面的行为态度与他们未来在公益领域的

职业发展有紧密关系，而新冠疫情的发生改变了大多数高校青年对公益领域的态度与认知。和 2020 年新冠疫情初期相比，在目前新冠疫情防控常态化的背景下，有 598 位高校青年深入思考自己与公共利益的联系（占比为 52.6%），有 413 位高校青年增加对公益活动的投入（占比为 36.3%），还有 452 位高校青年选择公益行业的意愿增强（占比为 39.8%），这说明此次新冠疫情一定程度上提高了部分高校青年的公民意识和社会责任感（见图 10–4）。

新冠疫情的暴发将公众视线聚焦在公共卫生领域，有 421 位高校青年表示这几年的新冠疫情促使其关注的公益领域发生变化，有 627 位表示他们参与公益的方式发生变化，这一定程度上是由于新冠疫情期间出行受阻，以往线下的公益活动多数转为线上举办。此外，认为新冠疫情在公益领域对个人无明显影响的仅有 41 人（占比为 3.6%），相较于 2020 年 9 月我们的调研数据（275 人认为无明显影响，占比为 31.9%）有所减少，这说明随着新冠疫情持续时间的增加和波及范围的扩大，高校青年在公益方面的行为态度发生变化的可能性增大。

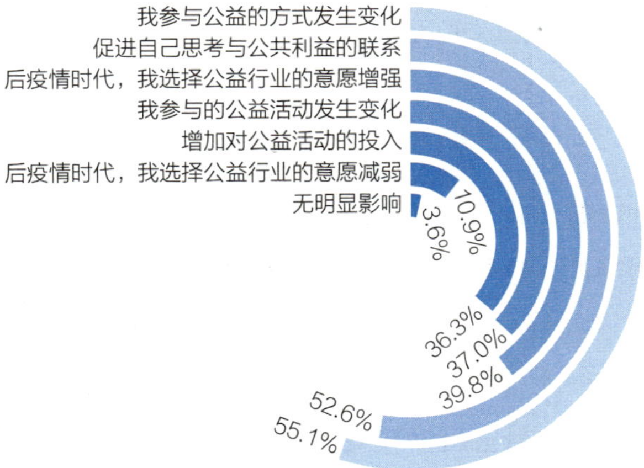

图 10–4　新冠疫情对高校青年在公益方面的行为态度的影响（多选题）

另外，2022 年调研数据显示，在后新冠疫情时代，有 124 位高校青年选择公益行业的意愿减弱。究其原因，我们发现，首先，这主要是因为新冠疫情期间出行受阻（占比为 72.6%）；其次，新冠疫情反复造成生活负担加重（占比为 59.7%）、收入减少（占比为 57.3%）也是其主要原因。此外，担心参与志愿服务时自身的生命健康安全问题（占比为 44.4%，如担心受病毒感染）以及家人不支持（占比为 12.9%）都是他们选择公益行业意愿减弱的原因（见图 10–5）。

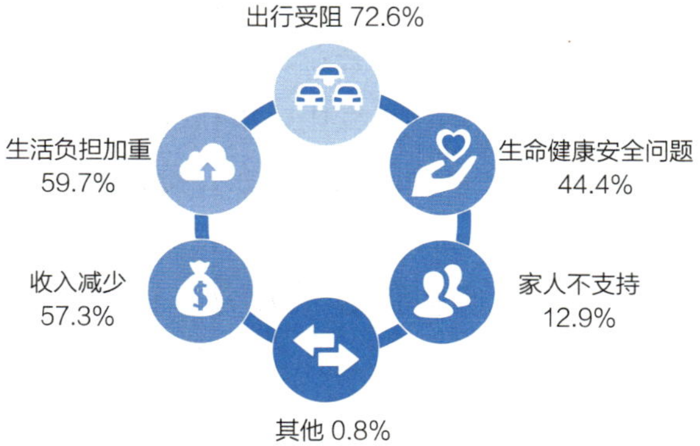

图 10–5　后新冠疫情时代公益行业选择意愿减弱的原因（多选题）

（二）新冠疫情对高校青年生活工作规划的影响

通过调研，我们发现在应对新冠疫情时，大部分高校青年有较为明确的、已知的方法或者程序来处理与新冠疫情有关的问题，新冠疫情也迫使他们停下来思考应对方式或改变应对方法。

在工作上，新冠疫情较大程度上打乱了他们完成工作的进程或是迫使他们改变工作方式。对于大部分高校青年而言，新冠疫情是他们的当务之急，对他们的长远成功有着重要影响，甚至可以说新冠疫情是他们人生中的一个重要事件。

与此同时，可以发现高校青年在充分认识到“新冠疫情对我来说是一个重要事件”（4.18 分，李克特五分量表）的前提下，能够很好地去遵守规则，并通过明确的已知的方法去规划自己的生活。由此可见，不仅是参加公益行业或者其他公益实践活动，大多数高校青年已经在新冠疫情不确定性的迷雾中为自己的生活找到了前进的方向（见图 10–6）。

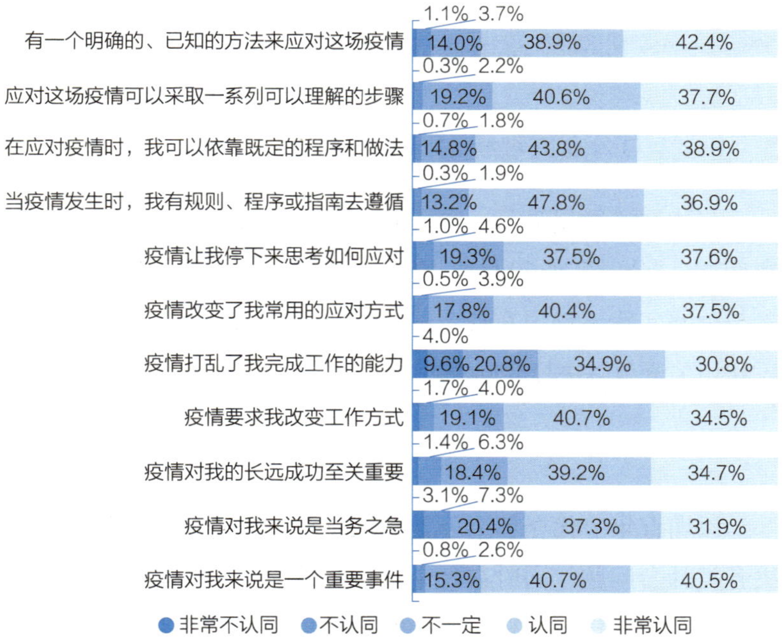

图 10–6　新冠疫情对高校青年生活工作规划的影响

第十一章
深圳高校青年参与公益实践的画像与期许

一、深圳高校青年参与公益实践的画像

（一）对公益的理解回归公共利益

前述调研数据显示，深圳青年对“公益”的理解较为广义和通透，“公益”回归原意“公共利益”，这样的认知指引他们参与公益实践不局限在特定的公益机构，同时乐于运用商业手段和相关资源解决社会问题。

（二）青年一代有理想、有勇气、有担当

深圳青年一代在各个公益领域发挥着自身的创新能力去解决各类社会问题，同时在每个领域中他们又勇于尝试不同的角色，在自我责任感的驱使下，在自己不熟悉、不擅长的领域积极开拓，锐意进取。

（三）参与时间受限，缺少合适团队

深圳青年更有意愿参与短期的公益实践，并且投入一定的

时间，而参与公益实践的最大阻碍是自身时间紧张。同时，在专业或职业的公益项目中，深圳青年没有合适的创业伙伴或团队。

（四）运用专业技能，投身职业公益

在参与公益实践的过程中，多数深圳青年更偏好与自身专业技能相匹配的实践项目，从而能够将所学专业更好地运用到实践中。当考虑将公益变为职业时，深圳青年相对优先考虑就职于社会服务机构，他们愿意在职业公益领域向上发展，进一步学习和拓展专业技能。

二、深圳高校青年参与公益实践的若干期许

（一）高校

1. 开设公益相关课程

前述调研数据显示，深圳高校青年对于公益教育持有较为积极正面的态度，他们希望高校能够开设相关的公益理论选修课程，通过公益理念的灌输和引导，让公益融入各个不同的专业领域中，促进各专业的高校青年联合起来，共同为社会问题的解决提供创新方案。

2. 重视公益实践活动的宣传与推广

调研数据显示，绝大多数深圳高校青年都接触过公益领域的知识，但仍然存在少数高校青年没有接触过公益领域的信息。因此高校青年希望校方能够进一步增加公益领域的信息宣传活

动，丰富对公益领域的信息宣传方式，如举办沙龙、开设座谈会、增加相关社团活动等，以更加广泛的渠道来满足高校青年对于公益领域的好奇与热情。

前述调研数据显示，深圳高校青年希望高校能够积极推动除义工之外的更加多样的公益实践项目，例如社会创业相关的讲座、沙龙，“互联网+”大赛“红旅赛道”，挑战杯“公益创业赛道”等。同时希望高校能够提供相关的专业培训与辅导，为高校青年参与各类型的公益实践活动扫清障碍，助力校内青年和公益的融合。

3. 增强校际组织联动

高校青年公益实践需要凝聚更多的力量。深圳高校青年希望高校之间加强联系，借助社会力量聚集更多有志于公益的青年学生，相互交流、合作、取长补短。在交流中促进青年社群融合，在竞争中促进青年创新进步。

（二）公益组织

1. 走进高校社区，贴近高校青年

深圳高校青年对进入公益领域是充满兴趣的，但对于公益领域的社会组织的业务内容、发展前景以及职业发展路径并没有统一的认知。因此，高校青年希望公益领域相关组织加强对公益领域的宣传和对高校青年的引导，通过开展校内宣讲会，在春、秋招聘等活动中进行面向青年的宣讲活动，并设置相应的岗位给在校的青年实习、参观，消除部分青年眼中的刻板印象。

同时，前述调研数据显示，深圳高校青年偏好有一定挑战

性的、能够发挥专业特长的周期性项目，而非按部就班地完成毫无创造性和挑战性的日常琐事。深圳高校青年希望公益组织采取结果导向的考核方式，同时工作时间、地点保持一定的灵活性，并匹配一定的经费和资源协助高校青年完成相应的任务、实现相应的目标。

2. 制定有竞争力的回报标准来吸引高校青年投身公益

前述调研数据显示，多数深圳高校青年希望获得各类型的培训以更高效地参与公益。因此，希望公益组织所设置的岗位能够帮助高校青年提升相关技能。应通过采取岗前培训、小型沙龙、学徒制、现场教学、工作复盘等方式赋能高校青年成长，实现组织发展和个人成长的双赢。

同时，根据前述调研数据可以发现，阻碍高校青年进入公益领域的最大因素是薪酬待遇及职业规划匹配度。对此，高校青年希望公益领域适当提高薪酬待遇以满足高校青年基本生活需求及精神需求，同时，公益领域应对岗位实践内容规划的合理性给予一定关注，尽可能随社会发展及经济发展情况适时调整，进而达到与高校青年成长发展方向相契合的目的。

（三）社会创新组织

1. 创设创业平台，提供优质实践机会

通过对调查数据的分析，深圳高校青年没有参与社会创业的很大一部分原因在于没有合适的平台和机会。而社会创新企业不同于普通商业企业，既在管理上具有商业企业追求效率的特征，也具有服务社会的属性。

同时，高校青年在自身能力提升以及服务社会等动机的驱

动下，也会去寻求相应的平台获得实践机会。高校青年和社会创业之间的需求相互匹配，但缺乏沟通和交流的渠道和平台。高校青年希望社会创新组织可以积极利用青年的关注，去开拓社会创新领域相对空白的市场，有效对接青年和社会需求。

2. 改善管理模式，增强效率驱动力

调研的数据结果显示，深圳高校青年对于进入公益领域有薪资方面的期望和动机。虽然社会创新组织由于组织的性质和宗旨，不能像一般的商业公司那样只追求经济效益，但在管理方面可以借鉴一般公司追求效率的特点，优化管理模式。在提升自身效率和服务产出的同时，更大限度实现经济效益的产出，从而增强高校青年对公益领域的信心，实现公益领域的可持续发展。

3. 促进行业规范化发展，形成示范效应

社会企业区别于一般企业的显著特点就在于动机和宗旨。调研数据显示，深圳高校青年往往会秉持着利他主义动机和提升自我的想法投身于公益当中。公益领域可以抓住青年参加公益的契机，以青年参与公益活动作为起点，通过组织系列活动、联合公益行动等提升组织影响力，连点成线，以线带面，从而激发整个企业乃至公益领域的活力。

（四）政府

1. 增加相关社区宣传活动

鉴于高校青年对公益的参与仍然受限于了解的渠道和程度，所以高校青年希望政府可以利用自身的影响力和宣传力，指导

各高校社区等开展活动，展开以政府—公益链接、与公益相关的就业机会为主题的宣传活动等，促进师生对于公益的认知，进一步助力高校内的公益传播。

2. 出台相关政策予以支持

仅仅依靠语言和影响力是不够的，更需要一些实际的举措。高校青年希望政府可以出台关于公益的宣传政策、关于高校公益实践活动的政策，简化参与程序，增加经费预算，等等，给予高校及公益组织支持。

3. 链接社会实际解决问题

公益的初衷在于解决社会的难点痛点问题，同时政府在发挥组织引导的作用时最大范围联合社会资源。因此，高校青年希望政府可以结合社会实际需求，对接青年公益，予以方向上的引导，更好地填补空白，将政府期望“有所为”的问题与青年公益相结合，既可以激发青年参加公益的责任感、成就感，也可以切实解决问题，以解决实际问题为导向促进青年公益发展。

第四部分

港澳高校青年的公益世界

关键词：港澳高校青年；公益实践

摘要：第四部分内容基于新木·2023港澳高校青年调研数据撰写完成，本部分将视角转向了香港地区和澳门地区，侧重点在于了解和探索港澳高校青年对于非专业公益实践、专业公益实践、职业公益实践的了解与实践，并对比深港澳三地的高校青年参与公益时的现状、感受以及期许，力求描绘出港澳高校青年参与公益的真实画像，探索其正在开拓的公益之路。

同时在粤港澳大湾区日渐融合的时代背景下，本部分还希望探索时代背景在公益领域的映射，了解港澳高校青年对于大湾区其他地区公益实践的参与意愿与实际感受，促进粤港澳三地高校青年在公益领域的互动交流与合作，为粤港澳大湾区的进一步融合与建设做出公益领域的贡献。

本次调研的对象为港澳高校青年，问卷发放对象覆盖了香港、澳门出生的本地户籍高校青年，以及内地户籍高校青年。回收问卷共计525份，其中香港229份、澳门296份。有效问卷423份，香港有效问卷203份，澳门有效问卷220份，总有效率为80.6%。

调研对象具体情况如图1～图6所示。

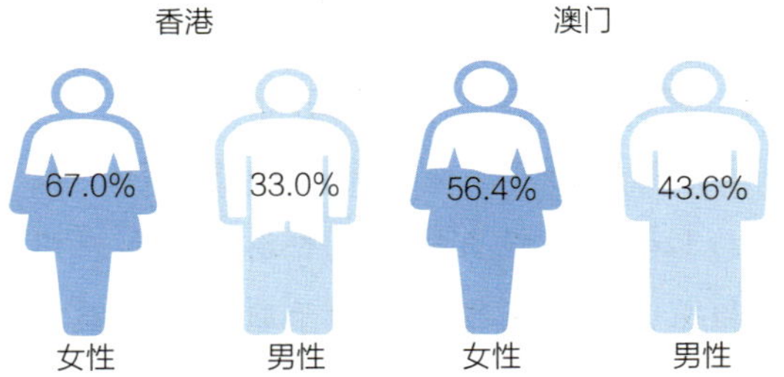

图 1　本次调研港澳高校青年的性别构成情况

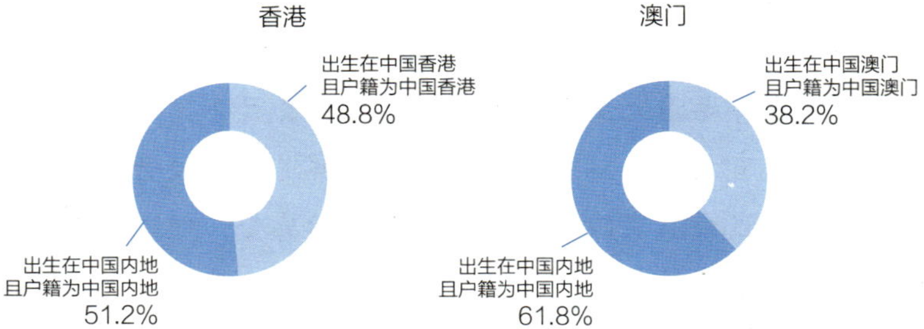

图 2　本次调研港澳高校青年的户籍构成情况

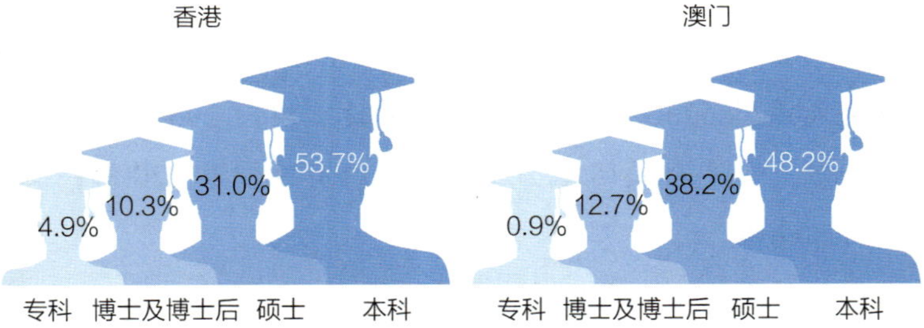

图 3　本次调研港澳高校青年的学历构成情况

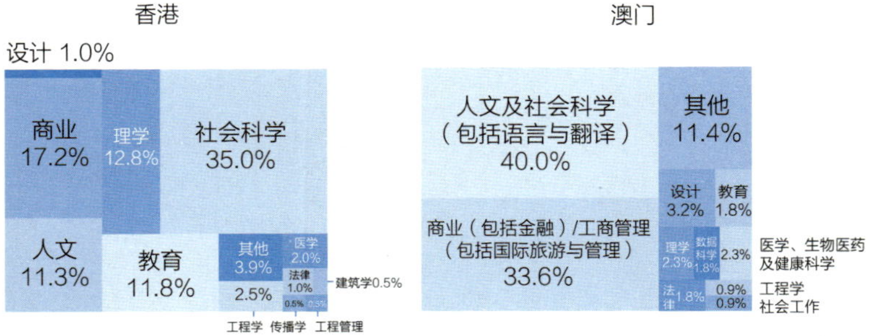

图 4　本次调研港澳高校青年的专业构成情况

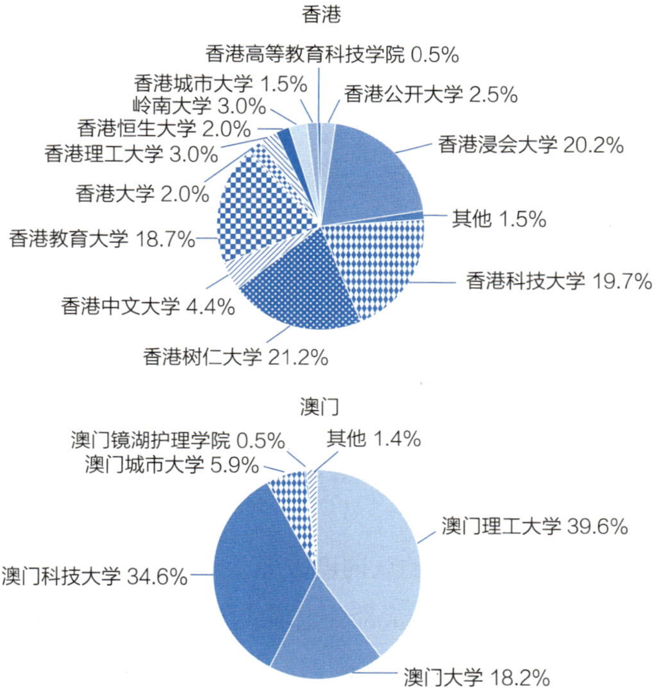

图 5　本次调研港澳高校青年的学校构成情况

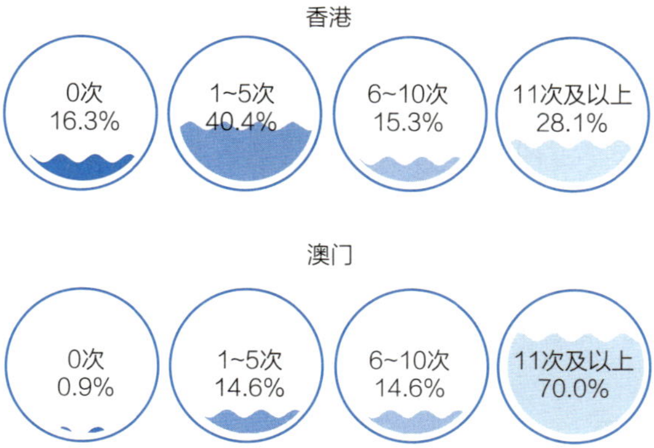

图 6　本次调研港澳高校青年每年前往内地情况（不考虑新冠疫情）

第十二章

港澳高校青年非专业公益实践

一、港澳高校青年本地公益认同现状

在对本地公益发展的认同度方面，港澳高校青年对本地的公益认同度普遍较高，绝大部分选项认同度在 3~4 分的范围内，部分选项集中在 3~5 分的范围内。其中，“特区政府重视公益的发展”均是两个地区中 5 分（即非常认同）占比最高的选项，说明香港和澳门两地特区政府对公益的重视程度得到了两个地区高校青年一定程度上的认可。

值得注意的是，在“特区政府重视公益的发展”和“社会创业氛围浓厚”两个选项中，澳门地区高校青年相较于香港地区高校青年而言，选择 5 分（即非常认同）的比例更高。这从一定程度上说明了澳门高校青年对特区政府重视公益发展和社会创业的浓厚氛围感受更为深刻（见图 12–1）。

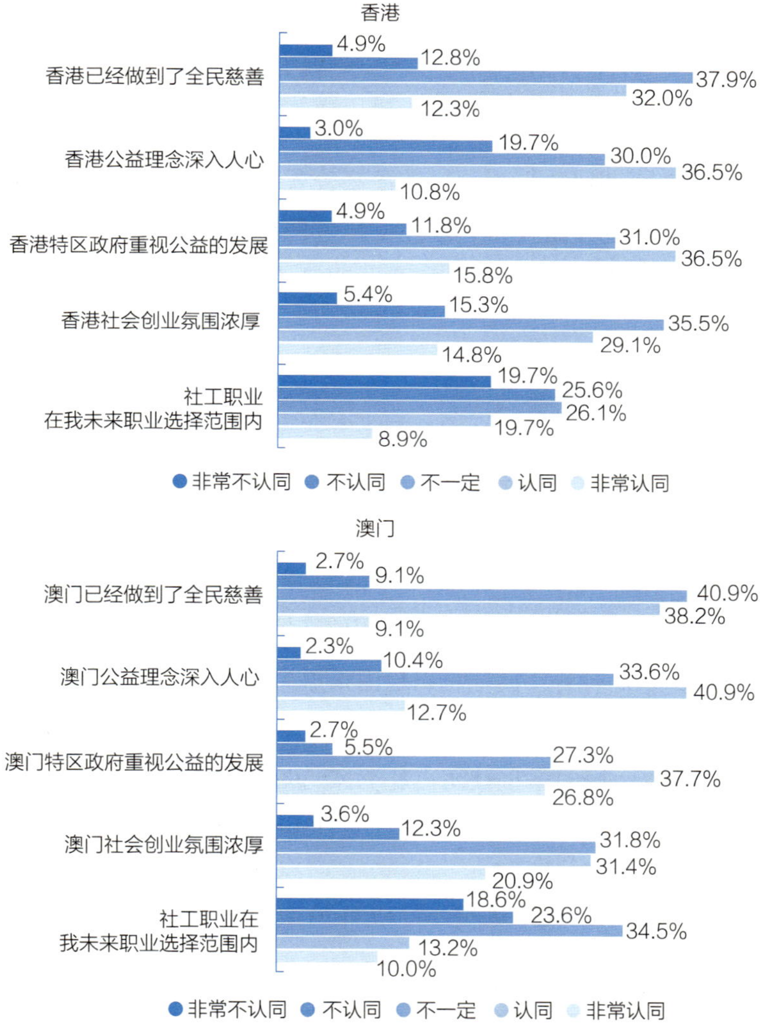

图 12-1 港澳高校青年对本地区公益情况的认同度
（非常不认同 ~ 非常认同分别对应 1~5 分）

二、港澳高校青年非专业公益实践参与情况

（一）非专业公益实践信息了解渠道

2023 年调研数据显示，港澳高校青年在非专业公益实践信息的了解渠道方面具有一致性，均呈现校内渠道占比更高这一特点，其中澳门地区这一特点更为明显（见图 12–2）。

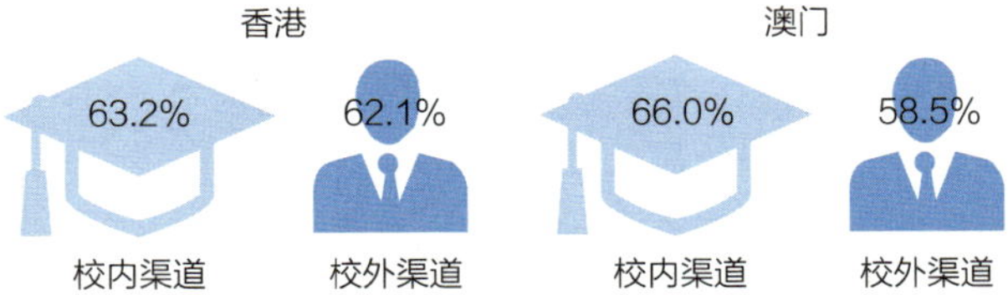

图 12–2　港澳高校青年非专业公益实践信息了解渠道情况（多选题）

值得一提的是，新木·2020 深圳高校青年公益实践调研数据显示，深圳高校青年同样是以校内渠道为主要的信息来源，但相较于港澳高校青年，其校内渠道的比例（校内各级义工组织占比为 73.4%、校内学生社团占比为 42.3%、校内各级学生会占比为 36.7%）要明显高于校外渠道（总计占比仅为 20.8%）。

（二）非专业公益实践参与现状

香港和澳门均有相当一部分高校青年参与过非专业公益实践，但调研数据显示，该部分高校青年在两个地区的占比均没有超过半数。

从具体情况来看，参与过非专业公益实践的澳门高校青年的比例相对更高，占比达到 48.2%，高于香港的 42.9%（见图 12–3）。

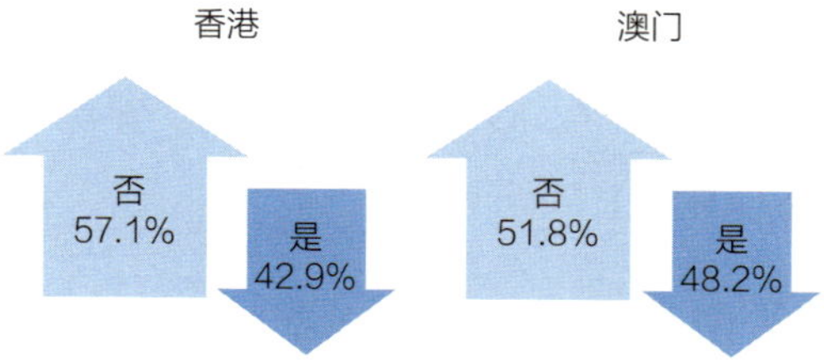

图 12-3　港澳高校青年非专业公益实践参与情况

（三）非专业公益实践参与时长

2023 年调研数据显示，港澳高校青年整体上参与非专业公益实践的时长较短，两个地区中超过 90% 的高校青年平均每周的参与时间在 4 小时之内，其中平均参与时长在 1 小时以内的高校青年又占据了大部分（见图 12-4）。

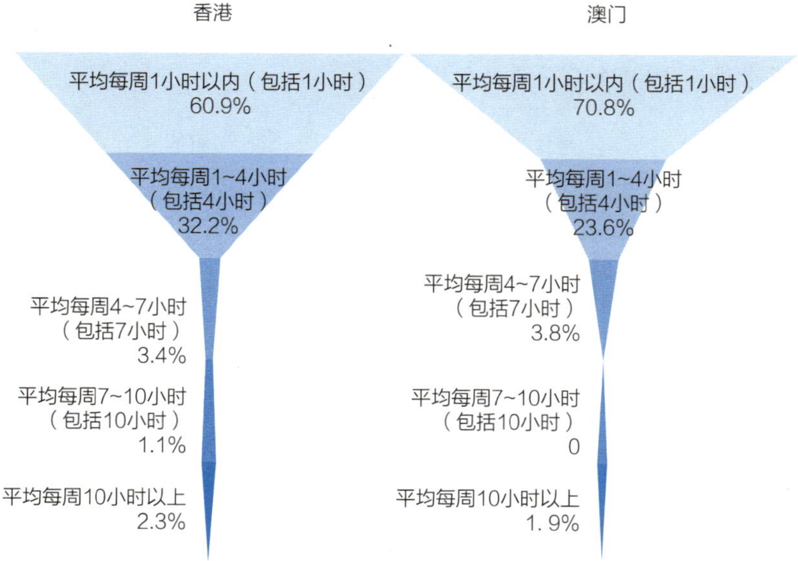

图 12-4　港澳高校青年非专业公益实践参与时长情况

这一情况与深圳高校青年类似，新木·2020 深圳高校青年公益实践调研数据显示，87.5% 的深圳高校青年平均每周投入 1~3 小时在公益实践上。

（四）非专业公益实践参与领域

2023 年调研数据显示，港澳高校青年对于各个领域的非专业公益实践均有一定程度的参与，涉及领域较广。其中，环保活动（如：旧衣回收、清扫垃圾）是港澳地区高校青年参与非专业公益实践的首选领域，其次是教育活动（如：义教）、文化活动（如：公益阅读活动）、健康活动（如：健康跑）等领域。

此外，从高校青年参与教育活动（如：义教）和文化活动（如：公益阅读活动）领域的比例看，香港地区要高于澳门地区；相较于香港地区，澳门地区的高校青年还倾向于参与扶弱扶贫领域的公益实践，这一领域的参与比例达到了 32.1%，高出香港地区 14.9 个百分点（见图 12-5）。

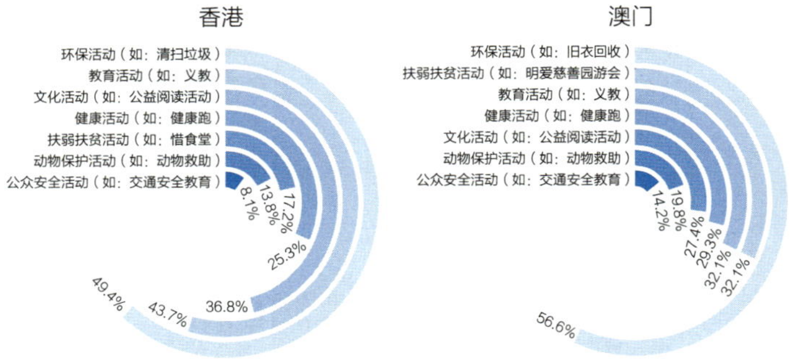

图 12-5　港澳高校青年非专业公益实践参与领域情况（多选题）

在深圳高校青年方面，高校青年对于助弱扶贫和优质教育这两个公益领域的感兴趣程度是最高的，其中助弱扶贫是高校青年最偏好的公益领域，这一点与港澳地区的调研数据展现出了差异。

三、促进港澳高校青年参与非专业公益实践

（一）高校青年没有参与非专业公益实践的原因

2023 年调研数据显示，在过去没有参与非专业公益实践的原因中，港澳高校青年有着近乎一致的观点：首要原因均是个人原因，他们均认为自身时间精力限制了他们参与此类公益实践，这与图 12-4 的港澳高校青年非专业公益实践参与时长的调研数据相匹配，他们不会投入较多的时间来参与非专业公益实践；其次是两类社会原因，分别为相关公益活动宣传力度不够和相关公益活动种类较少（见图 12-6）。

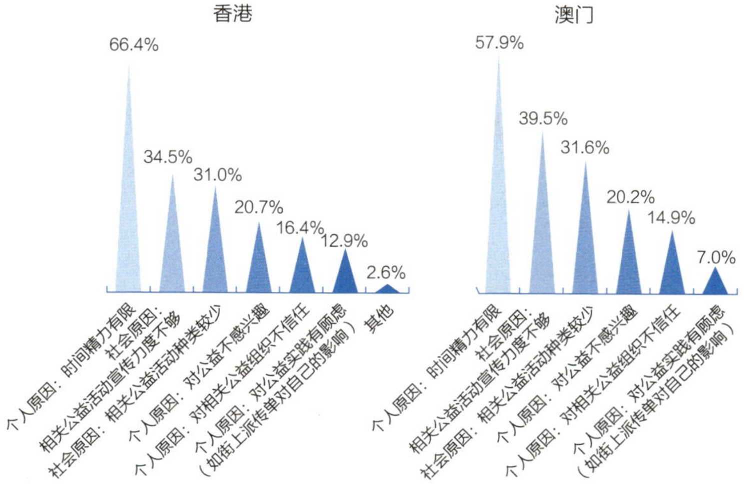

图 12-6　港澳高校青年未参与非专业公益实践原因（多选题）

上述调研数据与针对深圳高校青年的调研数据有所不同，在新木·2020深圳高校青年公益实践调研数据中，深圳高校青年认为阻碍其参与公益实践的首要原因是有兴趣但没有渠道了解或参与的外部原因，比例达到59.5%；其次才是个人时间精力投入过高，比例仅为17.0%。

（二）激励高校青年参与非专业公益实践因素

整体上来看，港澳高校青年对于特区政府、机构、学校、家庭、人际支持等外部因素和个人动机等内在因素激励其参与非专业公益实践的认同度均较高，两个地区中所有因素评价为4分及以上的高校青年占比均在64%以上。

相比而言，澳门地区的高校青年对于上述六项因素的认同度更高，其所有因素评价为4分及以上的占比均在74%以上。

在因素排序方面，香港地区的高校青年更加看重学校支持、个人动机和相关机构支持等因素。澳门地区的高校青年则更加看重学校支持、家庭支持和个人动机等因素；此外，家庭因素的认同度要明显高于香港地区（见图12-7）。

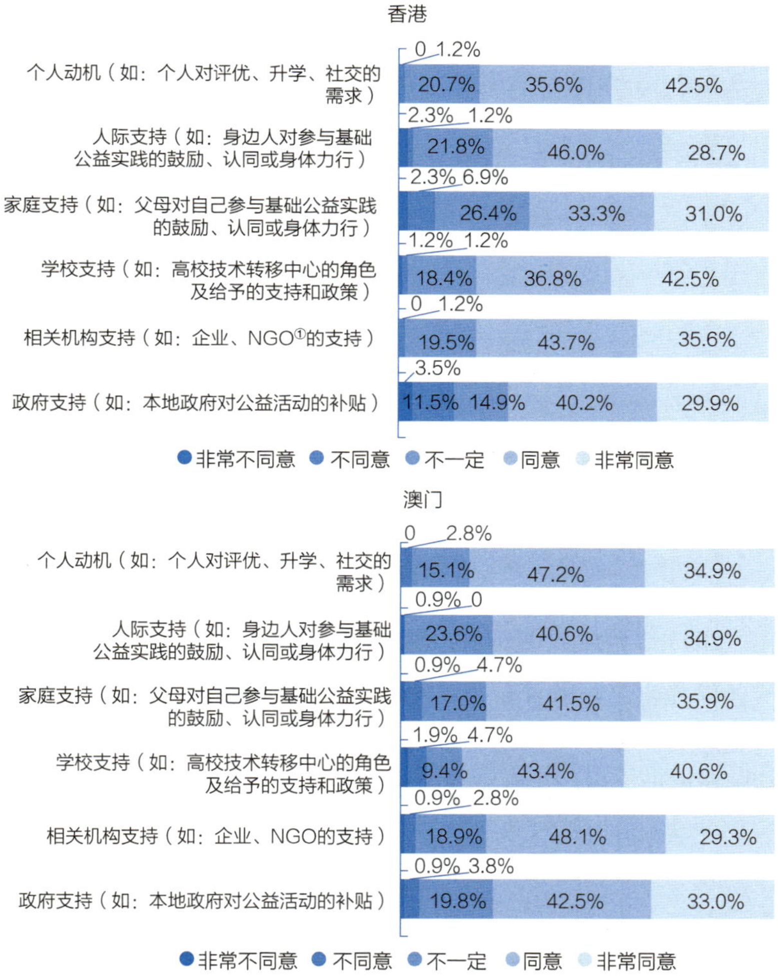

图 12-7 激励港澳高校青年参与非专业公益实践因素情况
（非常不同意 ~ 非常同意分别对应 1~5 分）

① NGO：英文全称为 Non-Governmental Organizations，意思为非政府组织。——编者注

第十三章
港澳高校青年专业公益实践

一、港澳高校青年专业公益实践参与情况

（一）专业公益实践参与现状

2023 年调研数据显示，港澳高校青年参与专业公益实践的情况极为相似，没有参与过专业公益实践的高校青年占比均在 77% 左右。相比于前述对于两个地区高校青年非专业公益实践的调研数据，这一比例有较大幅度的上升（见图 13-1）。

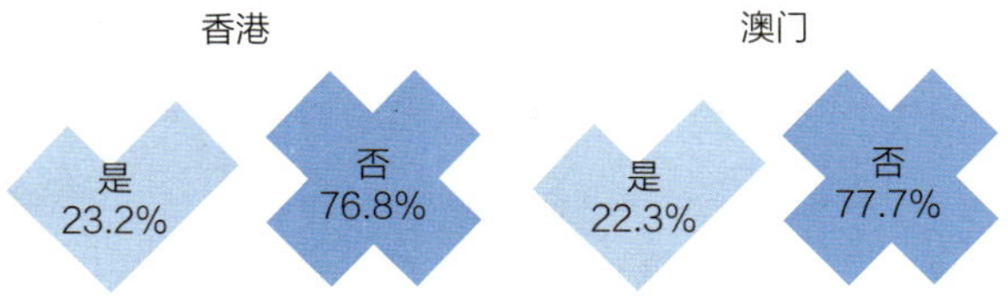

图 13-1　港澳高校青年专业公益实践参与情况

与此同时，2020 年调研数据显示，深圳高校青年参与社会创业、专业公益实践的占比同样相对较小。

（二）专业公益实践平均参与周期

2023 年调研数据显示，整体来看，大部分港澳高校青年参与专业公益实践项目的平均周期在 3 个月以内，尤其以周期在 1 个月以内的项目为主。

但两个地区不同的是，香港地区参与平均周期 6 个月以上项目的高校青年占比达到了 23.4%，从数据上看仅次于周期在 1 个月以内的项目。而澳门地区这一比例为 16.3%，仅高于周期在 3~6 个月项目的 6.1%（见图 13-2）。

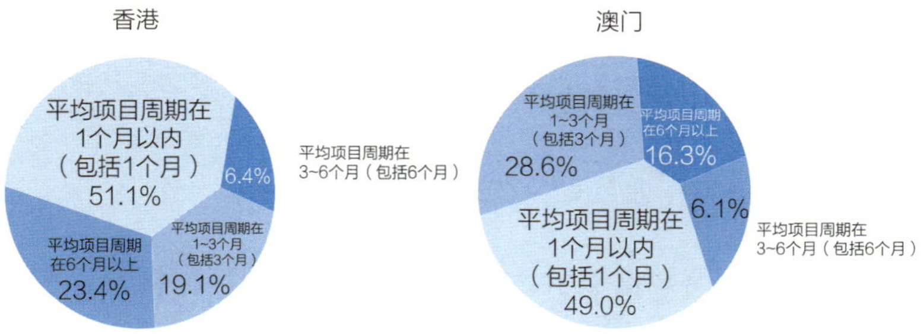

图 13-2　港澳高校青年专业公益实践项目平均参与周期

（三）专业公益实践参与领域

调研数据显示，港澳高校青年青睐于参与社会类（无贫穷、零饥饿、良好的健康与福祉、优质教育、性别平等、清洁饮水和健康设施、经济适用的清洁能源、和平正义与强大机构、可持续城市和社区）的专业公益实践，占比分别为 78.7% 和 83.7%。港澳高校青年参与经济类（体面工作与经济增长、产业创新与基础设施、负责任的消费与生产、促进目标实现的伙伴关系、减少不平等）的专业公益实践倾向性不同，香港地区高校青年在该领域参与的比例高达51.1%，而澳门地区这一比例仅为22.5%（见图13-3）。

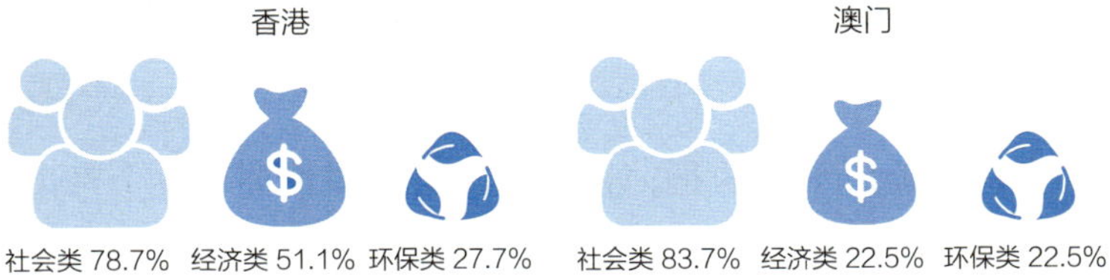

图13-3 港澳高校青年专业公益实践参与领域（多选题）

深圳高校青年参与专业公益实践，主要也集中于经济类和社会类，高校青年更加倾向于参与信息技术与大众传媒领域、扶贫开发领域以及生态环境领域的社会创业项目。

（四）参与专业公益实践时运用的技能

2023年调研数据显示，香港地区和澳门地区高校青年参与专业公益实践运用技能的情况类似。除去其他选项，语言为两个地区高校青年在参与专业公益实践中运用最多的技能，占比均在36%左右；其次是摄影、商业与金融等（见图13-4）。

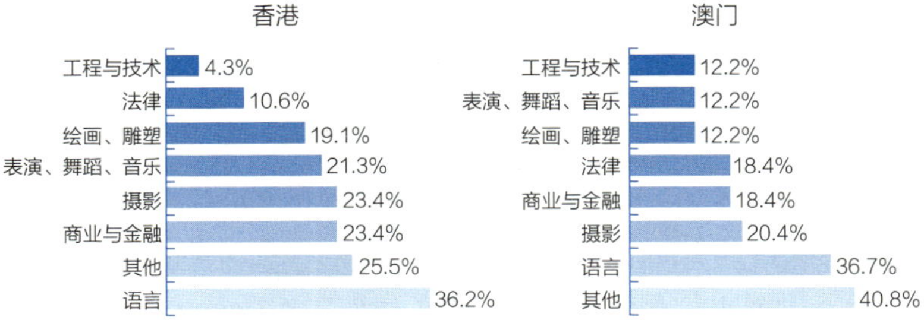

图13-4 港澳高校青年参与专业公益实践时运用的技能（多选题）

二、港澳高校青年参与专业公益实践的阻碍因素

（一）未参与专业公益实践原因

2023 年调研数据显示，个人时间精力不足、个人缺乏相关经验、没有合适的实践项目是港澳高校青年过去不参与专业公益实践的三个主要原因。虽然主要因素大致相同，但两个地区略有不同的是，香港地区高校青年过去不参与的首要原因是从自身层面出发的个人时间精力不足；而澳门地区高校青年过去不参与的最主要原因则是外部层面的没有合适的实践项目（见图 13–5）。

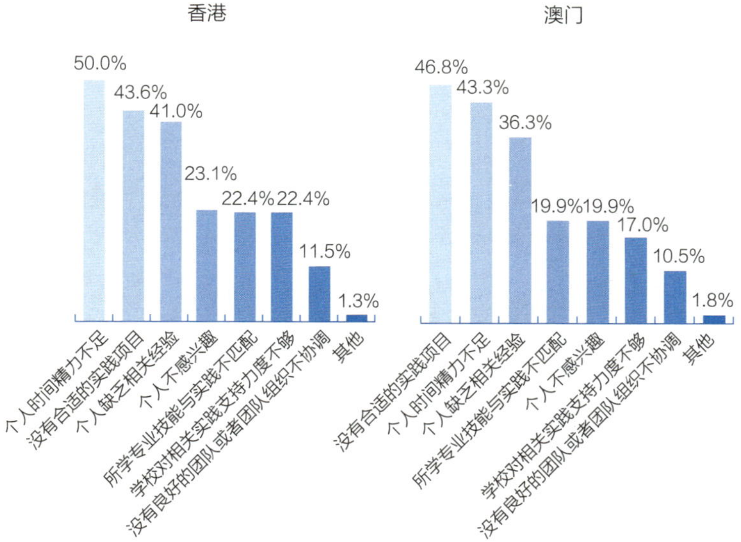

图 13–5　港澳高校青年未参与专业公益实践原因（多选题）

深圳高校青年在这个问题上呈现了与港澳地区高校青年不同的特征。没有合适的伙伴或团队是其没有参与的主要原因，

比例高达 60.7%，但该原因在港澳高校青年中均是选择人数较少的选项。

对于港澳高校青年较为重要的个人时间精力因素，以深圳为代表的广东地区的高校青年反而认为不是阻碍其参与的重要原因，选择这一选项的高校青年比例仅为 22.5%。

（二）参与专业公益实践遇到的困难

2023 年调研数据显示，港澳地区的高校青年在参与专业公益实践中存在的问题主要集中在项目内容和团队建设层面。就项目内容而言，最大的问题在于项目的运营模式、可行性以及缺乏相关专业项目；而在团队建设层面，主要的问题则是团队缺乏专业性（见图 13–6）。

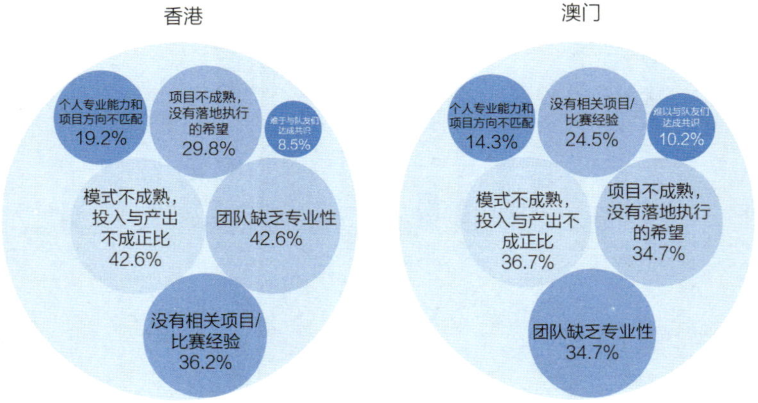

图 13–6　港澳高校青年参与专业公益实践所遇困难（多选题）

第十四章
港澳高校青年职业公益实践

一、港澳高校青年参与职业公益实践情况

（一）职业公益实践参与现状

2023 年调研数据显示，在职业公益实践层面，港澳高校青年的参与比例相较于非专业和专业公益实践进一步下降，正在参与的人群占比仅在 5%~8%。

虽然正在参与的高校青年比例相对较低，但两个地区的大多数高校青年均表示未来计划参与职业公益实践，比例均超过 50%（见图 14-1）。

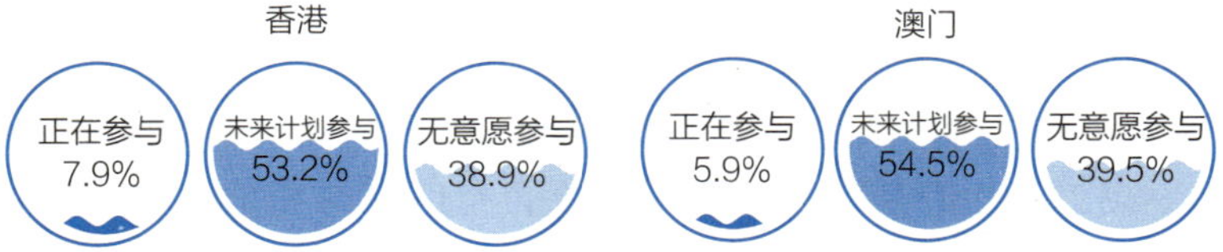

图 14-1　港澳高校青年职业公益实践参与现状

（二）职业公益实践参与方式

2023 年调研数据显示，在职业公益实践参与方式层面，澳门高校青年在公益领域就业的占比为 30.8%，进行社会创业的占比为 15.4%，两种都包括的占比为 53.9%；香港高校青年方面，在公益领域就业的占比为 37.5%，进行社会创业的占比为 25.0%，两种都包括的占比为 37.5%。由此可见港澳高校青年在公益领域的就业和创业都有对应的经历（见图 14–2）。

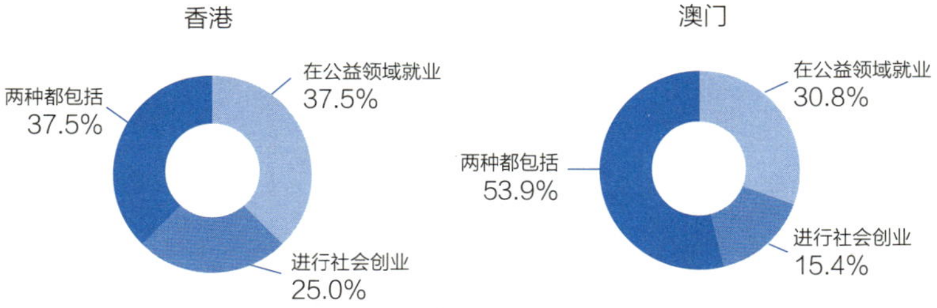

图 14–2　港澳高校青年职业公益实践参与方式

（三）职业公益实践未参与原因

2023 年调研数据显示，时间精力不足是港澳高校青年无意愿参与职业公益实践最主要的原因，两个地区分别有 46.8% 和 47.1% 的高校青年选择了这一原因。这一结果与前述对于非专业和专业公益实践的调研数据一脉相承，在三个层面的公益实践中，高校青年在较大程度上受限于自身的时间和精力而选择不参与。

此外，没有相应的经济基础、社会经验和社会关系不足等也是高校青年选择不参与的重要原因（见图 14-3）。

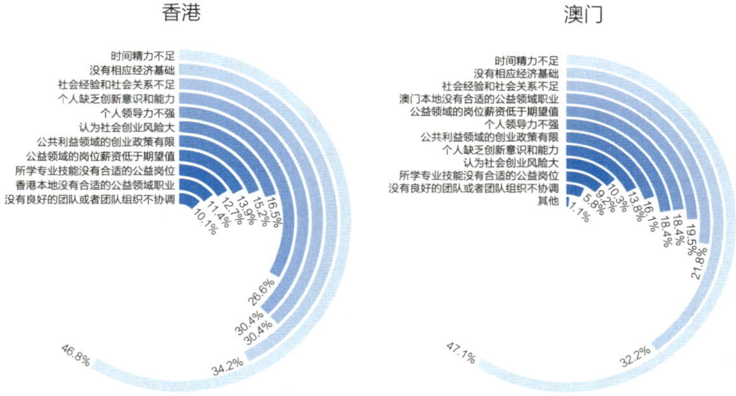

图 14-3 港澳高校青年职业公益实践未参与原因（多选题）

二、港澳高校青年职业公益实践参与感受

（一）职业公益实践满意度

港澳高校青年虽然参与职业公益实践人数较少，但从整体来看，对于在公益领域就业或创业的满意度较高，满意及非常满意的比例超过一半（见图 14-4）。

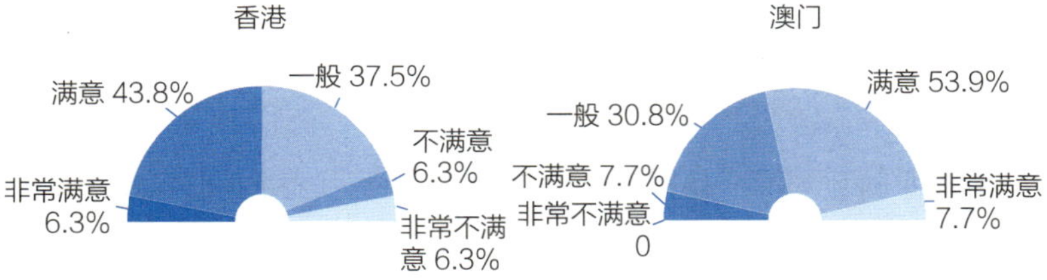

图 14-4 港澳高校青年公益领域就业 / 创业满意度

（二）参与职业公益实践感受

2023年调研数据显示，澳门高校青年对于所列选项的认同度较高，打分在4分及以上的占比更高。

具体来看，澳门高校青年更加认同职业公益实践对个人专业能力的提升、收获更强烈的价值感以及实际执行过程中的复杂程度。

香港高校青年在个人专业能力的提升、收获更强烈的价值感方面与澳门高校青年相类似。除此之外，香港高校青年还更加关注职业公益实践带来的更具持续性的对受众现状的改变（见图14-5）。

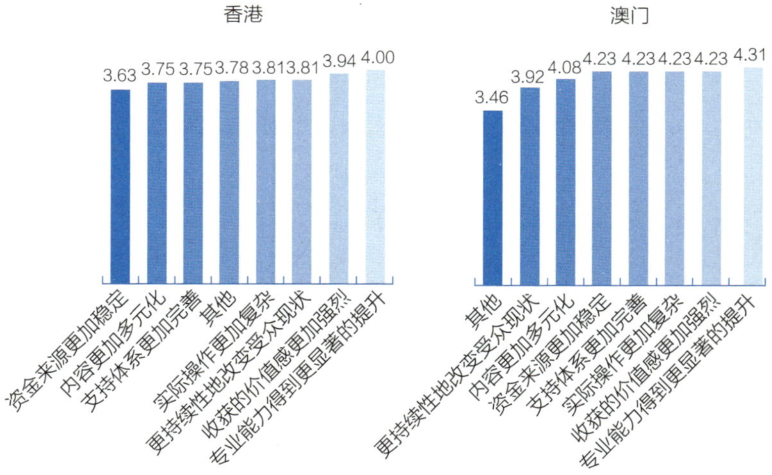

图14-5　港澳高校青年参与职业公益实践感受（单位：分）

深圳高校青年与港澳地区的高校青年有着相同的感受，他们也较为认同参与职业公益实践给他们带来的专业知识与技能的提升、成就感/价值感的收获。

（三）职业公益实践经历认同

2023 年调研数据显示，港澳高校青年普遍表示听说过社会企业，两个地区对这一经历认同的比例均超过 70%；但对于进一步了解社会创业，港澳高校青年认同的比例则大幅下降，两个地区的比例均在 43% 以下。

此外，港澳高校青年普遍认同社会创业发展前景很好以及对到公益领域就业感兴趣，占比均在 50% 左右；但当涉及未来选择到公益领域就业时，两个地区高校青年对此认同度均有一定程度的下滑，占比下降至 30% 左右（见图 14–6）。

综上所述，港澳高校青年对于职业公益具有一定程度的了解和兴趣，也都认同该领域在未来会有较好的发展前景，说明特区政府、高校、公益组织对于该领域的宣传和实践都做出了相当程度的努力，这也从另一个角度印证了前述港澳高校青年对本地公益认同现状的调研数据。

但从调研数据来看，若涉及进一步地了解甚至是到该领域就业，港澳高校青年的相关认同度就呈现出了不同程度的下滑，这种比例的变化，或许是因为其本身时间和过往经历的限制，或许是特区政府、高校、公益组织在某些方面需要付出更多的努力。总之，从调研数据上来看，港澳高校青年的职业公益实践还有提升和改善的空间。

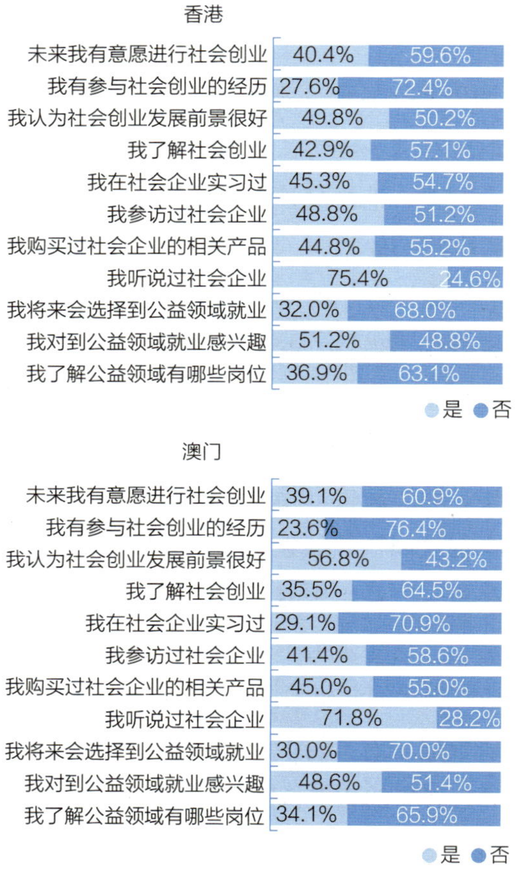

图 14-6　港澳高校青年职业公益实践经历认同

三、港澳高校青年未来参与职业公益实践占比和领域

2023 年调研数据显示，港澳高校青年在未来均青睐于参与社会类的职业公益实践，占比均在 80% 左右。与前述对于港澳高校青年专业公益实践参与领域的调研数据相比，这一比例存在一定的趋同性与延续性（见图 14-7）。

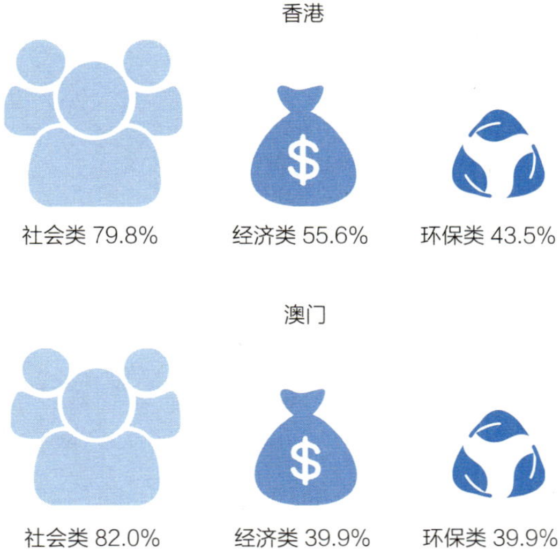

图 14-7　港澳高校青年未来参与职业公益实践领域（多选题）

第十五章
港澳高校青年跨地区公益实践

一、港澳高校青年跨地区公益实践参与情况

（一）跨地区公益实践参与意愿

2023 年调研数据显示，香港和澳门地区参与情况相类似。过去参与过和现在正在参与跨地区公益实践的高校青年占比接近 10%。关于港澳高校青年跨地区公益实践参与意愿，未来有意愿参与的高校青年占大多数，比例均在 60% 以上。但也仍然有一定比例的高校青年表示无意愿参与（见图 15–1）。

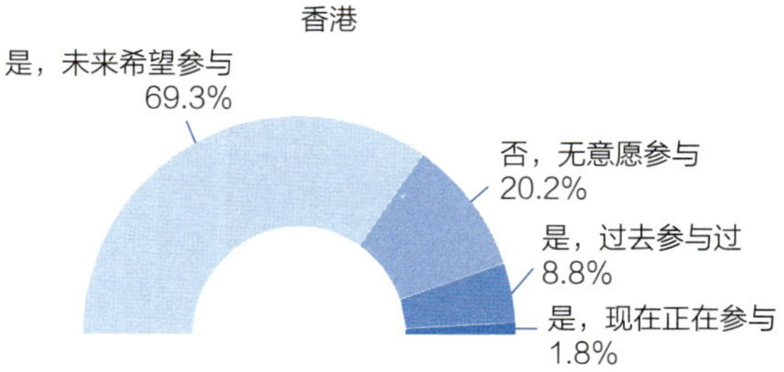

图 15–1 港澳高校青年跨地区公益实践参与意愿

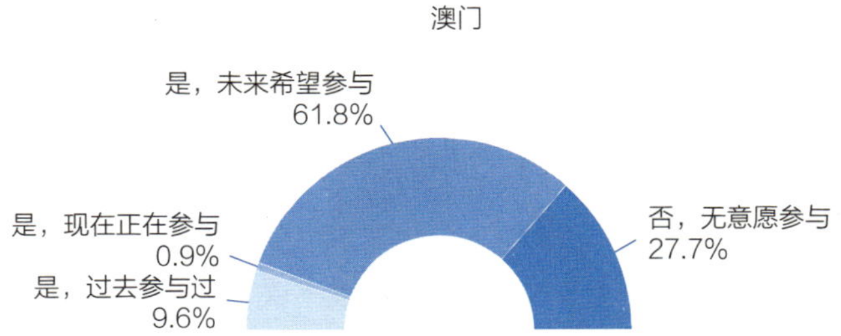

图 15-1　港澳高校青年跨地区公益实践参与意愿（续）

（二）跨地区公益实践形式

2023 年调研数据显示，澳门地区高校青年主要倾向于参与非专业公益实践和专业公益实践，职业公益实践占高校青年跨地区公益实践形式的比例较少；香港地区则较为平均，希望参与专业公益实践排在首位，职业公益实践的比例要高于澳门地区（见图 15-2）。

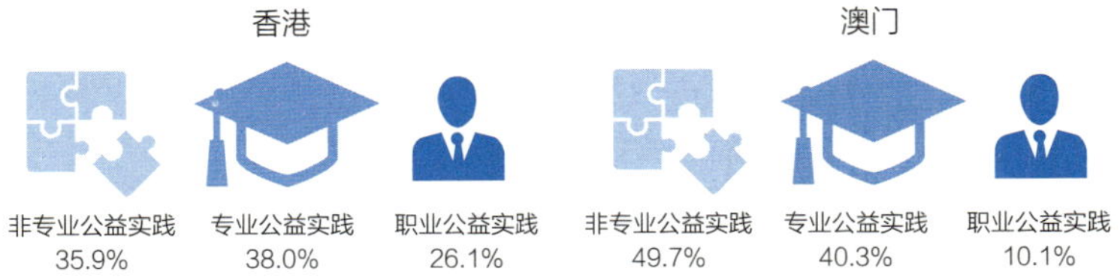

图 15-2　港澳高校青年跨地区公益实践形式

（三）跨地区公益实践期望收获

2023 年调研数据显示，相比于本地的公益活动，澳门高校青年更希望在大湾区其他地区的公益实践中感受不同地区的文化、拓宽视野，这一选项的比例达到 67.9%；其次是锻炼能力并获得个人成长，这一选项的比例为53.5%；排在第三位的是在其他地区落地公益项目、产生实际效果，这一选项的比例为36.5%。可以看出，在期望的收获方面，澳门高校青年首要的期望是提升人文层面的素养。

与此同时，澳门高校青年对于为未来的升学或就业提供帮助以及推动其他地区公益事业的发展也有一定的期待，这部分选项的比例分别在35.9%和28.3%。

香港地区的高校青年最看重在跨地区公益实践中感受不同的地域文化、拓宽视野（占比为55.9%），这一点和澳门高校青年最期待的收获一致。其次，香港高校青年重视锻炼能力并获得个人成长（占比为55.1%），排在第三位的是希望在其他地区落地公益项目、产生实际效果。与澳门高校青年相比，香港高校青年在期望自身得到发展的同时，有更多人对于产生实际效果有期许（见图15-3）。

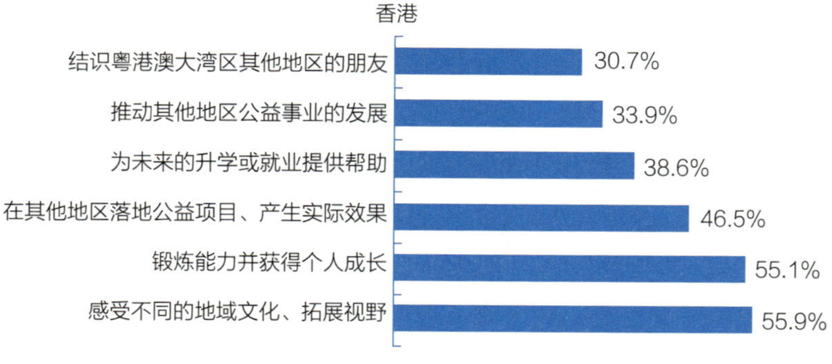

图15-3 港澳高校青年跨地区公益实践期望收获（多选题）

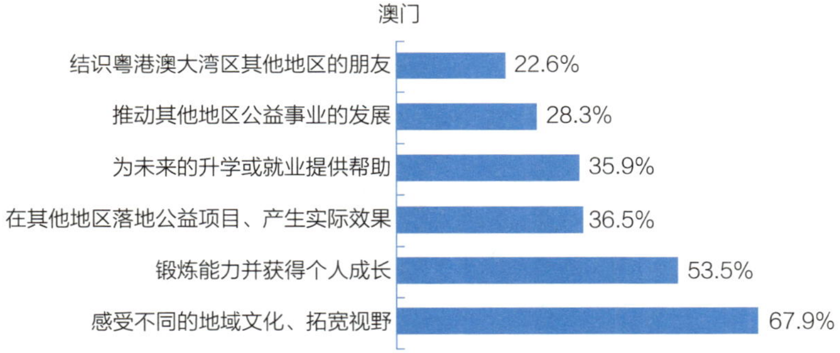

图 15-3　港澳高校青年跨地区公益实践期望收获（多选题）（续）

二、促进港澳高校青年跨地区参与公益实践

（一）无意愿跨地区参与公益实践原因

2023 年调研数据显示，港澳高校青年无意愿参与大湾区其他地区的公益实践的最主要原因是其未来职业规划不在大湾区，香港高校青年选择这一选项的比例达到 39.1%，澳门高校青年的这一比例为 36.1%。

其次则是对公益本身不感兴趣，香港地区和澳门地区均有约 30% 的高校青年选择了这一原因（见图 15-4）。

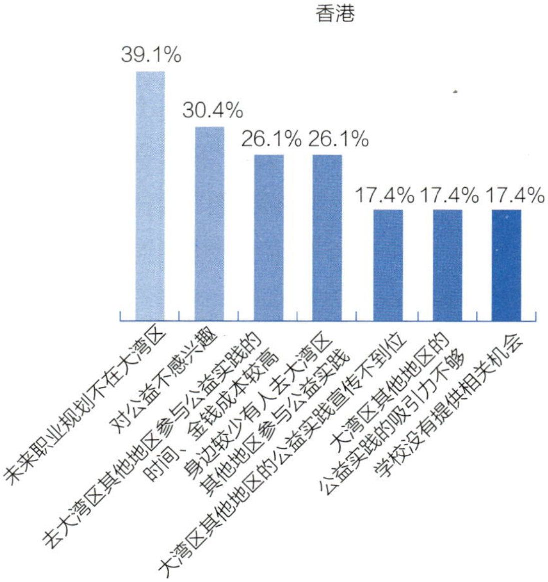

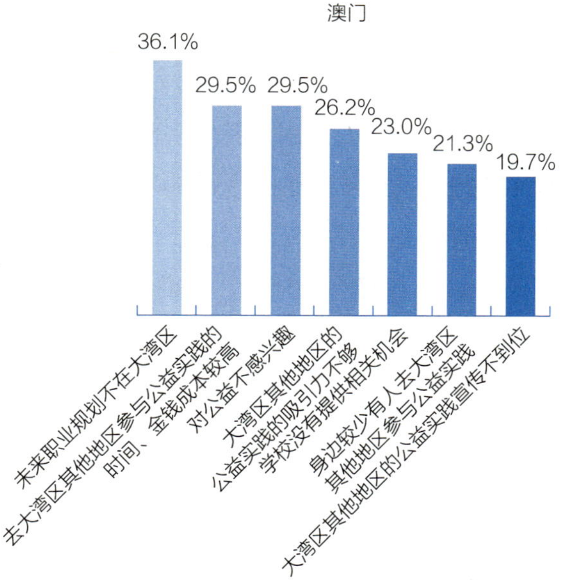

图 15-4　港澳高校青年无意愿跨地区参与公益实践原因（多选题）

（二）激励港澳高校青年跨地区参与公益实践因素

2023 年调研数据显示，港澳高校青年对于特区政府、机构和学校等外部因素激励其跨地区参与公益实践的认同度均较高。此外，值得注意的是香港高校青年对于人际支持这一因素的激励作用同样较为认同，4 分及以上的比例要高于澳门地区（见图 15-5）。

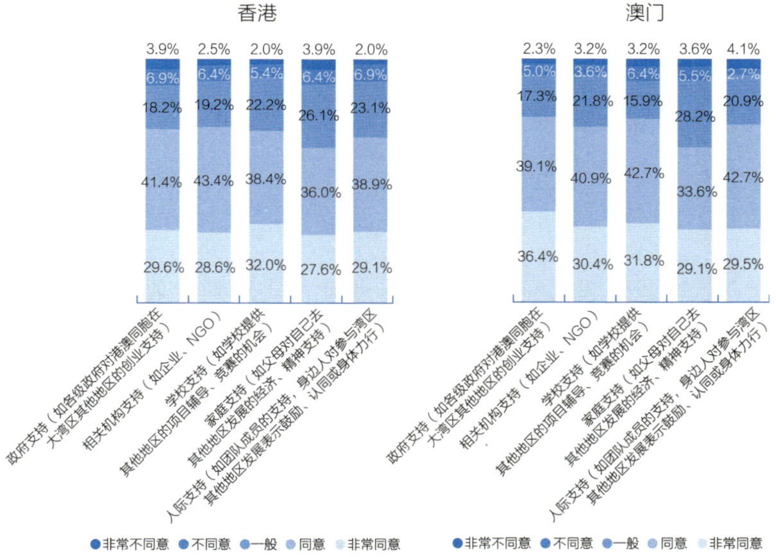

图 15-5　激励港澳高校青年跨地区参与公益实践因素

（非常不同意 ~ 非常同意分别对应 1~5 分）

第十六章
港澳高校青年参与公益实践的画像与期许

一、港澳高校青年参与公益实践画像

（一）参与公益实践受限于自身的时间与精力

前述调研数据显示，从非专业公益实践到专业公益实践再到职业公益实践，港澳高校青年的参与率逐渐降低。究其原因，港澳高校青年整体上认为个人时间精力有限是其没有参与这三个层面公益实践的首要原因。

（二）偏好参与社会类公益实践

前述调研数据显示，无论是在非专业公益实践中还是在专业公益实践中，港澳高校青年均有所实践，但整体上来看，无论是香港地区还是澳门地区的高校青年均对社会类公益实践青睐有加。

（三）看重学校支持，更期望收获个人成长

前述调研数据显示，港澳高校青年均看重学校层面的支持，

他们在参与公益实践以及跨地区参与公益实践方面均认同学校层面的支持对他们具有很大的激励作用。

此外，个人动机（如：个人对评优、升学、社交的需求）也是港澳高校青年认同的激励因素。与其相辅相成的是，港澳高校青年在参与公益实践以及参与跨地区公益实践时首要看中的是个人专业能力的提升，更加期望收获的是个人层面的成长。

（四）渴望与大湾区其他地区进行公益交流

虽然过去参与和正在参与跨地区公益实践的港澳高校青年占比较少，但前述调研数据显示，未来有意愿参与跨地区公益实践的占大多数，两个地区的比例均在60%以上。同时，港澳高校青年在跨地区公益实践中除了期望收获个人成长外，还期望能够感受不同地区的文化、拓宽视野，并且希望公益专案在大湾区其他地区产生落地效果，不仅仅停留在活动交流层面。由此可见，港澳高校青年未来渴望参与大湾区其他地区的公益实践，在拓宽自身视野的同时，产生更为实际的交流与联结。

二、港澳高校青年参与公益实践的若干期许

（一）高校

1. 加大对公益活动的支持力度

在激励港澳青年参与公益实践的因素方面，港澳高校青年普遍认同学校支持对其参与公益实践的促进作用，在澳门地区，

高校青年更是将这一因素排在首位。由此可见，学校在公益实践方面的进一步支持，将有利于促进更多的高校青年投身于各种类型的公益实践。结合过去没有参与公益实践的种种原因以及在参与过程中所遇到的困难，港澳高校青年期许学校能够加大对公益实践活动的宣传力度。同时，搭建相关平台，方便高校青年在参与公益实践时能够较为顺利地找到更合适更专业的伙伴及团队。

2. 增加与大湾区其他地区的公益交流与互动

港澳高校青年未来渴望参与大湾区其他地区的公益实践，因此大湾区内的各高校应当增加与地区内其他高校在公益层面的互动与交流，通过组织高校青年跨地区交流，在分享港澳经验的同时吸取粤港澳大湾区其他地区的优秀公益经验，并满足港澳青年提升能力、开拓视野的期望。

（二）公益组织

1. 提供种类更为丰富的实践项目

港澳高校青年在参与公益实践过程中遇到的较大困难是没有合适的实践项目，而且根据前述调研数据，港澳高校青年参与公益实践的领域大多集中于社会类。因此，公益组织可以采用在其他领域中提供更为丰富和多元化的实践项目来努力解决高校青年在参与公益实践过程中所遇到的这一困难。

2. 提供更为专业的项目指导和培训

港澳高校青年过去没有选择参与公益实践的一个重要原因是缺乏相关的经验，同时在参与过程中也遇到了模式不成熟、专案可行性不够等困难。因此港澳高校青年希望公益组织能够提供更多的专业培训，帮助与指导他们产出更具可行性、模式更为成熟的公益专案，提高其参与公益实践的满意度、专业度，形成良性闭环。

3. 提供符合高校青年参与公益特点的项目

港澳高校青年参与公益实践往往有着投入时间少、周期短的特点。公益组织可以组织频次更高、内容更碎片化的公益实践项目。而在公益实践项目的设计上，可以实行分工的专门化，扩大人员招募规模。这样既可以提升专业性，也可以降低高校青年的参与成本。

（三）社会创新组织

1. 提供更为灵活的公益项目

根据前述调研数据，港澳高校青年在三个层面的公益实践中，均较大程度地受限于其自身的时间与精力。因此他们希望社会创新组织能够发挥其优势，开创或开拓一些在参与形式、参与周期方面更为灵活的公益项目，从项目供给的角度解决目前高校青年受限于时间与精力的问题，从而引导高校青年更好地参与公益、了解公益。

2. 提供了解与参与职业公益的渠道

根据前述调研数据，港澳高校青年对参与公益实践甚至是职业公益具有一定的兴趣，也都认同该领域在未来会有较好的发展前景，但当真正在该领域就业时，情况却不容乐观。结合港澳高校青年在职业公益领域较高的满意度和较好的实践感受，他们期望社会创新组织能够提供更为专业的渠道供他们了解与参与，以便能够进一步地了解职业公益领域，将兴趣动机转化为投身其中的意愿。

（四）特区政府

1. 优化公共利益领域的支持政策

前述调研数据显示，港澳高校青年无意愿参与职业公益实践的一个重要原因是他们认为特区政府在公共利益领域的创新政策有限，没有很好的政策体系来支撑行业的发展。因此，港澳高校青年也期望特区政府能够针对公共利益领域出台一系列有针对性的支持政策来支撑行业创新发展，强化他们参与职业公益的信心。

2. 加强粤港澳地区公益领域的交流与合作

在粤港澳大湾区加速融合、交流与合作日益密切的背景下，公益领域也应该顺潮流而动。从前述调研数据也可以看出，高校青年对于未来跨地区参与公益实践的热情高涨，并且期望能够在其他地区做出真正有效的成果。

特区政府可以通过举办公益论坛、圆桌会议、主题项目实践、公益大赛等活动来引导和促进粤港澳三地高校青年在公益层面开展交流与合作，集思广益，发挥高校青年的创新思维来推动社会问题的改善与解决。

第五部分

你好，深港澳青年

新木青年说 · 2023 年大湾区青年公益访谈

深圳组：蒋金佚　北京大学国际法学院 2021 级硕士研究生

陈思杭　深圳大学 2021 级本科生

香港组：郑宇珊（中国香港）　香港科技大学 2020 级本科生

王乃嵘　香港树仁大学 2022 级本科生

澳门组：苏颖匡（中国澳门）　澳门大学 2021 级本科生

李保龙　澳门城市大学 2020 级本科生

新木组：丁韡（丁思桐）　新木青年创始人

卢正源　新木 2022—2023 年项目志愿导师、高级产业研究员

蒋弘佳　新木 2022—2023 年项目志愿者、深圳大学 2020 级本科生

三种公益实践，青年们 Pick[①] 哪一种？

丁韡（丁思桐）：大家好，欢迎来到新木青年说 · 2023 年大湾区青年公益访谈。很高兴邀请到 6 位出生于不同城市，目前分别就读于深圳、香港、澳门高校的青年朋友来共同探讨三地青年对公益的理解，在交流中看见彼此的特点，碰撞思维。

访谈开始前我们建立微信群给大家发送相关指引时，惊奇地发现港澳本地朋友使用的表情包和深圳青年爱用的表情包几乎没有区别，特别拉近彼此的距离，也让我相信这将是一场轻松愉悦、收获满满的访谈。

在新木高校青年系列调研中，我们把大家参与的公益实践分为三个类型：非专业公益实践、专业公益实践、职业公益实

① Pick：意思为选择、倾向于。

践。大家具体参加过哪些类别的公益实践活动呢？

郑宇珊：我主要参与非专业公益实践。我的小学和中学都是在香港读的，那时候学校里会定期举办一些探访老人的活动，我们会带一些小礼物给他们，比如环保袋、保温瓶。还参与过去海滩捡垃圾的活动，都属于非专业公益实践。

王乃嵘：非专业和专业公益实践我都参与过。金紫荆广场在五四青年节举办升国旗仪式中，我作为志愿者引导参观的游客，这属于非专业公益实践。此外，我曾参加内地在香港举办的名为“启迪之星”具有公益性质的创业培训活动，具有一定的专业性。

苏颖匡：我目前只参加了非专业公益实践。新冠疫情期间，我作为学校义工负责核酸检测的引导工作；我也会参加书院义工小队组织的公益活动，比如带流浪猫狗散步；澳门当地卖旗和慈善百万行活动也会参加。

李保龙：我参加的主要是专业公益实践活动。我所在的社团和澳门青年协会合作，除看望福利院老人外，我们会认真准备节目给老人表演。我还参与过珠海香洲区举办的文化交流活动，需要我做较多的专业工作。

蒋金佚：我没有专门做过职业公益实践，更多是做一些非专业和专业公益实践。非专业公益实践一般对于专业知识没有特定要求。我印象最深刻的是大学期间参与的某个文化调研项目，我们针对甘肃当地文化开展调研以及支教，策划非物质文化遗产传承活动。这个过程需要成员投入专业知识和技能，比如筹备支教课程，设计文创产品，负责项目的视频剪辑或者采访等。此外，我还参与过法律相关的公益实践，像公益法律咨询、普法下乡、送法到社区等。

陈思杭：我主要侧重非专业公益实践，比如义工活动，参与校内公益大赛的策划。同时我还是深圳大学公益创新专才班第八届班长，我们常邀请校外非营利组织或者社会企业到校内设点进行公益游戏的互动或者宣讲，我们则负责策划活动和现场执行。不过这次参与新木高校青年公益项目，运用到设计、写作等专业技能，参与的程度更深，也更加理解一个公益项目的运行逻辑，和以往做公益感受很不一样。

蒋金佚：我想接着思杭的话多分享一些。非专业的公益实践给我最大的感受是它的参与门槛相对低一点。专业的公益实践需要具备特定知识才能胜任。我个人觉得专业公益实践更有利于凸显我们不同的专业特长，我也比较建议大家在校园阶段多去尝试专业公益实践，结合自己的知识提供一些服务，这也有助于完善自身的知识体系。

不过专业公益实践是否能产生预期效果，服务对象的认知程度是很重要的影响因素。印象比较深刻的是几年前的宪法日送法下乡或者进社区活动，很多居民、村民认为法律跟本人没有关系，只有触犯法律才需要了解它，很多人不重视也不懂法，正因如此我们就更需要向人们普法。这个过程的困难主要体现为服务对象的抗拒，在物料和资金方面也遇到一些困难，当我们寻求官方的支持和背书后别人会更加愿意倾听，我的本科母校当时给我们准备了统一的服装，传单上说明我们来自哪所大学，化解了不少潜在阻碍。

高校是推动公益实践的重要阵地

丁韡（丁思桐）：新木的slogan[①]“因为年轻更要专业”，也

① slogan：意思为标语。——编者注

是希望倡导青年运用专业能力参与社会问题的解决，推动公共利益的发展，所以我们在调研中非常鲜明地提出三种公益实践的概念，并且深入挖掘高校青年对专业公益实践的感受、认识和相关需求并形成调研报告，让关注青年公益的相关机构多多设计专业公益项目激发青年的社会创新能力。很开心我们的出发点和大家不谋而合。

此外，思杭提到的深圳大学公益创新专才班是公益特色班级。其他小伙伴所在的学校有没有设置公益特色班或者类似的组织？

李保龙：我们学校没有公益特色班这类组织。但据我了解，我们学校有社工专业，我填过社工同学的问卷。

苏颖匡、郑宇珊、王乃嵘：印象中学校没有公益特色班级。

蒋金佚：我的学校在研究生阶段暂时没有专门公益班级的形式，不过我觉得这跟大家所处的学习阶段有关，研究生对就业实践参与的热情多一些，本科生则有很多兴趣社团以公益为导向。

丁韡（丁思桐）：据我了解，内地范围里，除了深圳，很多城市的高校纷纷开设了相关课程、专业，比如浙江工商大学实现了公益慈善方向的本硕博学位全覆盖。随着高校不断探索完善系统化的公益专业课程，和校外相关机构及部门持续迭代人才培养机制，将有更多高校青年有机会了解公益、参与公益、投身公益。根据大家的经验，自己所在学校在推动学生参与公益实践方面是怎么做的呢？

王乃嵘：我们学校在公益上的推动不是很多，但有一些学生自发组织的学生社团会专门去做一些义工类的活动。我认为学校的辅助宣传很重要，比如说我们举办了一个义工活动，想要在校内进行宣传，如果学校能帮助我们发送邮件，教授或者老师愿意以个人名义向公益项目推荐学生、允许我们在校内张贴一些海报，对我们来说会很有帮助。

苏颖匡：我们学校推动得不错，每年新生都会有一个学生会办的大群发布义工招募信息，学校还有一个澳门大学义工队，他们也会组织一些活动，每个书院也会有一些自己的义工团体，有很多志愿活动供学生自主选择。

李保龙：和澳大苏同学一样，我们学校也有义工社，是附属于学生会下面的社团，同时学校还有义工队，属于学生事务处，人文学院有开设社工学科，他们会通过实习和参与公益活动积累实践经验，其实践也会经评分纳入学业成绩。据我了解，学校主要支持学生社团开展公益。

我觉得对公益而言，资金来源是很重要的。目前我们学校对于公益活动在经济方面的资助有限，我们需要自己出去拉赞助。此外希望学校多营造氛围调动同学的积极性，如果不太重视的话，很多学生自然没热情参与公益活动。

郑宇珊：我们学校的话，各个学院情况不同，商学院有慈善投资、公益创业类的活动；理工学院的学生比如海洋科学会设计机器人来清理海洋垃圾；人文学院从理论层面研究公益项目。我暂时没有了解到校内有专门的学生组织来开展公益实践活动。

香港有很多保护性的海洋领域，我们学校离海很近，如果能让一些学生去那些保护性的海洋领域做一些研究保护工作，这样既保护了海洋，又对学生自己的学科学习有所帮助。目前暂时没有看到学校在这方面有具体推动，期待在这块加大力度。

蒋金佚：我们学校的公益实践机会比较丰富。一方面校官方机构如团委、青年志愿者协会等会牵头开展活动，另一方面社团也会自发联系社会资源，如公益法律协会前往香港中文大学（深圳）开展宪法日宣讲公益普法活动。

陈思杭：我认为我们学校的公益氛围是很浓厚的。我们学校有公益项目大赛、义卖活动、公益美食和游戏，也邀请了乐队来做公益演出，活动所得捐给了一家特殊儿童音乐探索促进中心。学校还会组织学生去新疆支教，并设立公益奖学金。好奇问一下，香港和澳门的高校是否有设置公益奖学金呢？

郑宇珊、李保龙、王乃嵘：暂时没有公益奖学金。

苏颖匡：我们有些奖学金会把公益作为其中一个考量点，但没有专门的公益奖学金。

丁韡（丁思桐）：聊到这里，大家分享了各自丰富的公益实践经历和校内情况，未来考虑在公益领域就业吗？

李保龙：我想做社区心理医生，虽然我学的专业不是心理学，但是我一直都想当一名心理医生，很希望有机会能实现这个梦想。

其他人：愿意参与相关活动，暂时没有明确计划去公益领域就业。

青年洞察：社会企业与可持续造血

丁韡（丁思桐）：大家的回复和新木调研的相关数据呈现的结论很契合（纷纷笑）。我非常理解青年们出于各种因素目前需要把就业的重心转到其他相关领域。不过有一种趋势相信大家都能感受到：越来越多的企业关注社会责任，ESG[①]、碳中和、

① ESG：英文全称为Environmental，Social and Governance，意思为环境、社会和公司治理。——编者注

清洁能源、社会企业等名词的高频出现显示企业从追求经济增长转向可持续发展。小伙伴们对于企业解决社会问题的必要性是怎么看的？

苏颖匡：我觉得企业承担社会责任是有必要的。比如澳门有些企业义务派出船只清理河道淤泥以方便船只通行，我觉得这是承担社会责任的体现。

郑宇珊：我认为大型企业应该承担更多的社会责任，因为它们有足够的资本，小企业相对能力有限。香港有一个小企业开展回收厨余计划，虽然这个项目具有很强的公益性，但盈利不佳，目前这个企业的生存状况是不容乐观的。尤其在了解诸如内地有影响力的公益活动后再和小企业做对比，我的这种感受更加强烈。

陈思杭：社会企业的盈利状况确实值得关注，通过相关的企业参访和学习，我了解到深圳市内比较大的社会企业基本勉强盈亏平衡，更多是亏损的。比如一些特殊病症干预中心，即使有政府和社会各界的捐助，仍基本长期处在亏损状态，这样的财务情况确实需要改善。

王乃嵘：我比较关注企业解决社会问题的初衷是促进社会发展还是出于商业目的，再评估其必要性。

李保龙：个人认为，即使假设香港和澳门有些公司解决社会问题是为了宣传或者盈利，由于内地的人口基数比港澳大很多，同样数量的受益人群在港澳总人数的占比会高于内地，那么在当地通过受益者的反馈产生的积极影响更容易体现出来。而同样的受益人数占比在广东省相对港澳则小很多，未受益人群占绝大多数，那么人们较难普遍感受到企业解决社会问题带来的正面反馈。

蒋金佚：社会企业的成立和发展是公益事业的必经过程，现在处于比较曲折的发展阶段。它是一个新的形态——非营利法人，具体属于什么类型？能不能划到我们现行法律的法人分类中？这是第一点。第二点是它的企业组织架构、责任划分、资金来源，都需要法律做一些先行保障。目前，国内这块以翻译欧美发达地区法律为主，我觉得在政策、法律文件的保障上加强完善，利于营造一个更好的发展环境。第三点就是社会企业会引进社会资本，驱动多方主体加入，盘活各类资本进入到公益这个赛道里面，不仅仅停留于传统的自负盈亏，靠爱发电发光。社会企业肯定有一个目标是至少做到盈亏平衡，这对于做一个长久的持续的公益事业是很有帮助的。最后社会企业可以更好地招募到职业的公益人才，而不是只有业余时间参与的人，全职的心态做公益得到的效果是不一样的。

社会企业做公益必然是未来的趋势，目前很多公益团队人员比较松散，流程比较冗长，效率比较低下，如果以现代最有效率的组织运行模式，也就是企业、公司的方式去做公益，我相信效率会提高。

丁韡（丁思桐）：我想请教金佚，据我们有限的交流得知，你所学的法律方向不是非营利方向，你通过什么方式得出如上的一些思考？

蒋金佚：做公益项目引发了我的思考。前面提到我参与的文化调研公益项目，第一期结束后，原有成员因升学实习毕业相继离开，项目经验的传承挑战很大，这促使我思考是否以企业的形式来做项目更加可持续，但我搜索相关法律条文，发现我们国家在这块的划分不太成熟。

丁韡（丁思桐）：以上给我们提供了一个值得关注的点：

青年是如何进行对公益的思考的？不管是基于专业学习，还是基于所在的特色班级，“实践”是激发自己加深对社会问题的洞察与深度思考的有效方式。

蒋金佚：是的，尤其做项目会面临非常实际的资金问题。首先，公益项目如果纯靠政府、学校给资助或者自费的话，说明它的可持续发展程度相对低于盈亏自负的社会公益团体或者社会企业。其次，我认为把服务的费用转移到其他的外部群体，也是让别人参与公益活动的一个方式。比如说我当时卖公益明信片时告诉人们，有这样一个地区的文化正在慢慢被人遗忘，需要去保护，买一份明信片文创包，就是对当地的支持，价格本身也不贵。很多人愿意买单，买单行为本身就是在参与公益活动。

深港澳青年：我眼中的“我们”

丁韡（丁思桐）：很棒，让公益实践形成自我造血的闭环。另外咱们有几位同学从内地去港澳读书，或者从内陆到沿海城市，经过较大的地理跨度，可否分享目前所在地区的公益实践经历？以及当地公益情况给你比较深刻的印象是什么？

李保龙：我参与过百万行和献血照顾流浪动物的志愿活动。这个过程我观察到港澳在读的内地生和本地生有一点很关键的区别：内地生从小对公益不甚了解，来澳门后对义工事务这一概念充满好奇，有较高的参加意愿。据我观察，我们学校相关公益社团每年人都招得很满。而对于澳门本地生来说，他们对公益习以为常，不觉得这有什么新奇，是日常的普通活动，但是我们内地生刚到澳门觉得这个社团很新奇，很想知道他们是干什么的。

王乃嵘：我刚来一年，参加过两个公益活动，一个是在大湾区某发展论坛布置现场，另一个是在青年广场升旗仪式中给游客做指引，以后我想尝试小猫小狗的义卖。

我还想分享我所在的香港义工组织给我反馈的信息，我觉得挺有意思的。他们觉得香港参加义工活动的主要是中学生，到了大学后，本地大学生不是很积极，公益活动参与的频率比较低。香港的实习氛围比较好，大家更专注实习兼职。但是如果有他们感兴趣的公益活动，比如救助小动物，并不影响他们积极参与。相对而言，在香港的内地大学生参与的频率会比较高。

蒋金佚：我本科在四川，研究生来深圳后觉得这里的公益很有自己的特色。主要体现在两个方面，一个是发达地区具有相对更成熟的组织体系和先进的组织办法；另一个是充沛的资金供给，比如我本科参与的文化调研项目，落地在甘肃，成员主要来自四川，但是项目是由上海的基金会资助的。

包括新木青年在粤港澳大湾区做的系列公益项目，这类创新性的项目、比较好的公益组织团体、社会企业大多成立在一线城市，并且这边有非常完善成熟的政府配套以及来自社会方方面面的资金支持，包括政府的、企业的、慈善家的。经济基础决定了上层建筑，相对西部，一线城市的发展会更加领先。不过这两年西部地区的公益氛围越来越好，并且西部相对来说做公益有地理优势，离需要公益支援的受众群体所在地区更近。

丁犇（丁思桐）：作为学生，你是如何感受政府在公益领域配套的成熟度的呢?

蒋金佚：从学生的角度来讲，我们对政府的志愿服务体系很熟悉。以深圳为例，深圳团市委大力支持志愿服务，有专门的部门和行动计划、学生的志愿时长认定，这些跟学生的评奖、评优、入党挂钩，是一个有效激励大家参与公益活动的方法。

陈思杭： 在深圳参与公益真的很方便，大家在志愿深圳的小程序上可以找到很多公益实践活动。政府在志愿系统搭建、义工时认定还有资金支持等方面具有一定的优势。另外我通过学习还了解到成都政府对社会企业有相关认定办法，我认为也是政府支持公益的体现。

王乃嵘： 关于政府及各界人士对公益的重视和倡导我感觉香港这边有一点很值得借鉴：他们和民众一起参与公益活动的执行，比如立法会议员、企业家、太平绅士等，参与度和热情度是非常高的。这离不开香港人从小被普及公益，以使其成为日常生活的一部分。当他们成长到 30 多岁，已在自己的领域做出一定成绩，依靠他们的影响力和资源反哺公益，能吸引更多人加入公益，促进社会整体参与度的提高。

丁鞾（丁思桐）： 这段分享引出了一个值得关注的问题：青年群体如何看待政府在公益中发挥的作用？从小参加相关活动培养公益意识，官员们身体力行，使用政府提供的相关系统并配套升学评优等激励措施，让青年们切身感受到政府对公益的重视和倡导。

李保龙： 我还想补充澳门值得借鉴的一点。澳门把小规模、精细化的公益服务进行得很到位。在受益人群方面，澳门因为人口基数较小，公益更容易做到精细化，受益人群比例更高。比如澳门的街道每隔不远就能看到一个义工组织的门牌，社会团体很多，加之每个社区的人数是比较少的，一些社区的公益活动可以照顾到大多数人。每个义工组织的服务定位也比较清晰，使得公益活动可以持续深入地影响人们的生活。

郑宇珊： 那我从宣传的角度分享一些香港的经验。香港喜欢请明星拍电影、举办演唱会或者慈善晚会来筹集善款，通过电视台向民众播出，荧幕中显示捐款名单，让大家既可以欣赏文艺作品，又可以感受慈善气氛。比如我之前看到一些非洲儿童的公益广告，被他们的困难处境触动，因此我家助养了一个非洲儿童，我们按月向他们捐助生活费，公益组织给我们发他们的照片，展示他们的日常生活和成长过程。

广告宣传在这个过程中起到了很大的作用，它使人们产生一种紧迫感，想要尽快伸出援手帮助对方改善悲惨境况。我之前分析内地的公益活动时，发现有些宣传图片也是通过传达这些视觉信息触动人心从而激励行动。

苏颖匡：我认同宇珊同学说的。澳门也看香港电视台，这些广告让人印象深刻，我妈妈也助养了两名儿童。但不得不说，这类广告的基调过于压抑，以至于让我有些心理阴影。此外我认为澳门人对公益都是很热情的。虽然平时公益活动主要由相关社团举办，但遇到特殊情况，比如之前有一次刮台风，整个市区都很脏很乱，很多以前不怎么做义工的市民也主动参与街道清理。

丁韡（丁思桐）：相对来说，我在深圳很少听到助养公益相关的项目。

蒋金佚：我个人觉得这件事情本身是有意义的，但从风险管理的角度来看，对于平台能否精准促成助养关系提出考验。如何保证被助养的对象真实有效很关键。是否有中间商赚差价？是否存在一个孩子通过多个领养人牟利？不能单凭寄回的信和画作反馈，因为这些寄送内容也可以寄给其他人，所以我认为具体的运行规则需要规范。

陈思杭：在法律规范的层面，蒋学长提到的几点是值得关注的。仅从助养孩子寄来的信和画来看，我个人认为这或许对很多人而言是一种心灵的回馈，能够激励一些家庭做出这样的选择。此外，就我了解，顺丰基金会有莲花助学项目，资助贫困地区儿童上学，类似助养，但是更聚焦在孩子的学习成长上。助学公益在国内非常普遍，也非常有意义。

蒋金佚：或许访谈结束后我可以和港澳同学们再多请教下助养公益的细节。

苏颖匡、郑宇珊：哈哈哈，好的好的。

丁韡（丁思桐）：这个延伸讨论很有意义，从风险管理的角度尽量全面辩证地看公益项目现象后的逻辑和机制。此外我分享一个新的视角，基于我们有限的访谈里大家分享的案例或者方式，深圳的公益活动整体聚焦在国内开展，而香港澳门因为特别行政区的定位及地理位置等综合因素，公益活动在全球范围开展，人们有很多选择，港澳青年的分享既提到本地，也很自然提到国外的项目。在大湾区公益实践参与地理范围的广度上，港澳和深圳似乎分别有这样的特点：一个更具有全球多元性，一个深耕本地落地。

此外，我注意到咱们的交流中有一点常被提到：港澳的同学从小感受到的公益氛围比较浓厚，可否请土生土长的港澳同学分享一下？

苏颖匡：我小时候在教会学校读书，学校每年都举办活动，大家捐钱换成抽奖券，除了奖品，剩余的捐款会捐给慈善机构，复活节也号召学生把没用完的零用钱捐给贫困的小孩子。学校每年还会抽几天举办慈善步行活动筹集捐款，我已经走了12年。

郑宇珊：这么说来香港的慈善文化似乎没澳门那么强，但是我在中小学阶段也参与一年一度、持续12年的饥饿日公益活动。活动号召我们捐 50~100 港元不等给义工，他们筹集善款后去帮助有需要的人，我们当天午餐时间可以得到一个面包，但没有水，由此体验短暂的饥饿带给人的感受。进入大学后，我非常同意刚才乃嵘同学说的香港高校的公益气氛没有中小学这么浓厚，大家更关注学习工作。

我读过海洋科学的专业课，其中有一个学习内容是学生按义工的指示在沙滩清理海洋垃圾，如果该内容有学分我们会去参加。有时学校响应政府号召开展公益行动，相对学生自发组织，我们更多是听从学校统一安排，并且需要有学分认定或者物质激励才能调动学生的积极性。

丁韡（丁思桐）：我发现一个有趣的现象，深港澳青年们互相认为对方参与很热情，但是这个热情背后的逻辑是不一样的。港澳本地生从小做公益，普遍对此习以为常，由此带来的自然感让我们感受到他们内生的热情。而港澳在读内地生的热情是出于大学阶段开始深入接触公益，外界带来的新鲜体验和冲击，是一种激发出来的外生的热情。

除了这两种热情产生的逻辑不同，大家关注公益的阶段也不一样。港澳青年从小做公益，进入大学后，更多精力转入学业研究或者兼职工作，如果到了研究生阶段就更少关注公益。包括深圳在内的内地大学生，在高中以前较少接触公益，到了大学则呈现井喷式的爆发。

蒋金佚：就我个人而言，中学阶段确实对公益是比较懵懂的。但我了解到现在一些内地小学生必须参与公益服务，我相信这是教育体系改革及各项制度完善的体现。未来港澳和内地在公益上的差距会进一步缩减，孩子们接受的教育也会更加完善，教育环境对于培养我们做公益的内生动力和塑造认知价值会有很大的帮助，让人们发自内心认可公益从而去做公益，而不是以一种完成任务加学分的心态去做公益。

青年就要“益”起玩

丁韡（丁思桐）： 我想从毕业多年的角度补充分享。在我小初高教育阶段，学校经常组织我们给贫困地区捐款，班上有同学家里有困难也号召全校给这个同学捐款，那时一般捐 5 毛到 10 块不等，也会捐旧衣服和书文具等，但自己在大学阶段没有太多公益相关的实践。

毕业工作后，所在单位也会组织员工给定向扶贫县城捐款捐物。2017 年我成为深圳市首届基金会秘书长培育成员，那一年深圳公益事业发展也进入更加红火的阶段，包括我了解到银行会设计相关理财产品把部分收益定向捐助到公益项目。如今我参与青年公益的相关事务，发现此时大学里面的公益氛围比我那时更加浓厚了。

刚刚大家从自身出发分享公益实践的经历和看法，这个过程有没有和其他户籍的同学交流互动呢？

郑宇珊： 我做的公益活动主要是在小学和中学阶段，班级里大半都是香港人，所以和内地同学的互动比较少。

苏颖匡： 我在中学较少遇到内地同学，大学则多起来了，和他们一起做义工工作。很多内地同学喜欢参与遛流浪猫、流浪狗的活动和卖旗活动，整体的交流与合作都很愉快。

王乃嵘： 我也有同感。在做公益的过程中，大家为了共同的目标而努力，自然而然有互动和交流。

蒋金佚： 我目前就读的学校和香港高校有不少沟通交流。他们举办活动的方式很灵活，港澳地区更多是学生自发自愿，以自我管理的模式运行公益项目，相对自由度高一点，但需要自行负责相关开支。我们这边办活动一般需要层层上报审批，但较少存在募资压力，校团委拨付相关经费支持我们开展公益项目。

陈思杭：我在学校和港澳同学参加同一个社团，和他们有一些交流。和澳门同学共事时会感觉他们的热情发自内心，和为了评优、义工时去做公益的同学状态不太一样。不过总体来说，大家都认真负责地完成项目。现在港澳和内地的融合也比较深入，加之都是年轻人，思维上是比较相近的。

丁韡（丁思桐）：港澳高校同学对内地的公益活动有多少了解？有没有真的亲身参与其中？

李保龙：我平常住在珠海，但据我了解，珠海这边的公益活动办得并不是很多，我们社团虽然参加过一个活动，但是后面没有再邀请我们参加其他活动了，加之新冠疫情四年的入境不便，澳门上学带来地理距离，所以我参与大湾区其他地方的公益活动并不多。

郑宇珊：我觉得内地的公益活动有些会比较强调爱国主义，我之前有做过研究，分析内地的 99 公益日、关怀老兵活动、乡村振兴项目等，所以对内地的公益有一点了解，我对老兵关怀很感兴趣，香港没有这个群体，这些士兵为国家做出过贡献，现在面临缺乏照顾的情况，有机会我也想参与其中。

苏颖匡：我们学校有一些书院会跟内地的学校联合举办义教活动，我对这类活动还挺感兴趣的。

王乃嵘：大学就读香港后没有参与大湾区其他地区的公益项目，中学时期学校组织我们去老年服务社打扫卫生，个人认为内地中小学以学习为主，到了大学公益实践的机会就很多，香港则相反。刚刚听了深圳同学的分享，我觉得深圳对公益的关注度很大，社会的支持和参与渠道也多，参与人群很广，这些我认为很棒。

丁韡（丁思桐）：什么因素相对会激励大家去大湾区其他地区参与公益实践活动？

李保龙：如果有心理咨询相关的公益实践，我会考虑参加，我对这方面很感兴趣。

郑宇珊：除了上述提到的老兵公益活动，如果发生一些重大灾害亟须救援当地人们，我非常愿意参与救助行动。

王乃嵘：我也是优先考虑紧急情况下跨区参加公益支援活动，平时来广东主要和一些考察活动有关，公益方面更聚焦目前所在地的相关活动。

苏颖匡：我个人非常期待学校组织我们去山区支教，给那里的孩子带去新的资讯，帮助他们开阔眼界。

蒋金佚：我去香港比较多，通关过后就基本两周去一次。除私人行程外，更多是校际交流，我在学校是研究生会主席，我们会主动挖掘粤港澳高校交流的资源，所以我老跑香港。

陈思杭：除了救援活动，如果有大型义演需要志愿者，我也愿意参与，我个人比较喜欢慈善晚会这种文化形式。

丁韡（丁思桐）：大家认为公益实践是促进大湾区青年交流的有效方式吗？此外还有其他有效方式吗？

王乃嵘：是的，参加公益事业的青年大多性格外向，有爱心，有责任感。让这部分积极上进的青年有更多交流，有利于各地青年彼此建立良好印象，结识志同道合的伙伴。除了以公益为纽带，还可以举办一些好玩的活动，或者对青年个人发展有帮助的活动。

郑宇珊：我认为公益实践可以促进大湾区青年交流，因为这可以让来自不同地区的青年为一个共同的目标努力，从而促进相互理解和培养协作精神。通过公共服务，年轻人不但可以发展应对挑战所需的技能和知识，还可以帮助建立社会网络，加强不同地区的年轻人之间的联系。其他的文化交流项目，如动漫节、文化节、语言沉浸项目和家庭寄宿项目等，这些活动也可以促进大湾区青年间的交流。

苏颖匡：我认为公益实践是有效促进大湾区青年交流的方式，参与各个地区的公益事务能使青年增进对自己周边地区发展的了解，让青年融入国家发展大局；通过合作和交流能使每个地区的青年相互理解、相互借鉴，有助于知识的交融。其他的文化类项目，如艺墟（各地文创产品交流展会）、美食节、组织体验团参观各个地方的特色产业 / 文物、会展（各地特色企业、产品、文化等）等项目也是有效促进大湾区青年交流的方式。

李保龙：赞同。通过公益实践，不同地区的青年可以共同参与社会公益事业，增进彼此之间的了解和信任，同时也可以共同面对社会问题，共同思考解决方案，提高个人的社会责任感和公益意识。

除了公益实践，还有其他一些有效方式促进大湾区青年交流。比如通过学术交流活动，互相学习和了解对方的研究成果和学术观点；通过文化交流活动了解对方的文化背景和传统文化，增进文化交流和了解，促进文化融合；通过体育交流活动，增进身体健康和友谊。

蒋金佚：我个人觉得公益实践是我目前想到为数不多的一个有效方式，我去过联合国下属某个大学生论坛活动，当时有一项议程是所有来自各个国家的同学要一起做公益实践，给当地学校刷墙、去海上捡垃圾等。大家聚焦在怎么把这个项目给做好，怎么把这个事情完成，心自然汇聚在一起。尽管来自不同国家和地区，但大家在这个过程中很少关注彼此的差异。港澳地区跟内地尽管存在政治、文化、经济水平的差异，但是我们做公益的心和利于社会的出发点是一致的。从公益的角度出发，大家的交流会更加有效。此外，我认为学术方面的交流也是比较好的形式。

陈思杭：我通过公益活动结交了一些港澳同学，大家成为很好的朋友。我们学校每年会开放一些去港澳台交换的名额，不过从参与的成本和规模来说，公益实践更具有灵活性，能较快促进大家融合到一起。

访谈体验：加深了解与颠覆认知

丁韡（丁思桐）：访谈接近尾声，大家可否分享一下自己是出于什么原因参加这次访谈的？

陈思杭：我是一个对公益怀揣热情，在广东土生土长的青年。作为新木项目成员参与本次访谈，有机会和港澳青年或者本地的其他优秀青年就公益相关的议题交流互鉴，学习其他地区开展公益的优秀经验，开拓多元化的认识，对我是大有裨益的。

蒋金佚：通过一场讲座认识了思桐姐，逐渐了解到新木青年这个平台。一方面，新木青年是具有青年人视角的公益实践平台，覆盖面广、创新性强、活动多。另一方面，自己在法律公益、支教调研方面都有过相关经历，期待可以和志同道合的朋友展开交流。

郑宇珊：我是一个好奇心强的人，通过了解大湾区不同地方的小伙伴做公益的情况，让我对不同成长背景的同龄人有更具体的了解，让我看到更多的生活方式。

苏颖匡：我从小在澳门长大，对其他地区进行公益活动的状况了解甚微，通过这次活动可以了解粤港澳大湾区的其他同学如何参与公益事务，希望可以进一步与其他地方的同学合作。

李保龙：作为内地生，对于大湾区的公益事业也有着较强的好奇心，之前未曾触及过。希望通过公益访谈接触到更多的公益事业，更多地了解、支持和参与其中。希望通过公益访谈与其他公益组织和人士进行交流，学习他们的经验和做法。

王乃嵘：第一次听说涵盖粤港澳三地的公益事业研究，觉得这是一个很有意义的事情。通过借鉴不同地区的公益经验，可以优势互补，互相学习，共同进步。

丁韡（丁思桐）：在这次交流的过程中，大家觉得哪些交流内容符合自己的已有认知？

陈思杭：今天通过和大家的交流，尤其是聆听港澳籍的两位同学的分享，我了解到港澳地区的公益事业发展程度之高、慈善文化氛围之浓，确实与内地截然不同，这点符合我对港澳地区公益慈善现状的认知，也进一步深化了我对港澳公益的良好印象。

蒋金佚：调研的分类单独列出了专业公益实践，这印证了我之前认为做公益需要结合自身专业的想法。

郑宇珊：香港大学生参与公益事务比较关注学分和资金等激励因素。

苏颖匡、王乃嵘：港澳地区的公益意识是从小培养的，但进入大学后本地学生和在读内地生的参与度是不一样的。

李保龙：港澳公益事业积极倡导社会责任和群众的公益意识。特别是香港的公益事业很注重与特区政府和其他社会组织的合作，以各种形式进行宣传，公益概念普及度很高。

丁韡（丁思桐）：那有没有哪些让你产生了颠覆刻板印象的感受？

苏颖匡：澳门的大学相对香港的大学在公益事务上会关注多一点。相较于小学和中学，内地的大学比较注重公益意识上的培养，也有在公益事务方面的奖学金之类的奖励。

李保龙：我期待未来参加相关的活动让我对公益有更深入的理解和认识，从而对原本的观念产生颠覆的感受。

王乃嵘、郑宇珊：深圳的公益事业发展很好，澳门大学生公益意愿似乎强于香港大学生。

陈思杭：港澳青年从小学、中学到大学参与公益实践情况的变化，这一点与我以往的认知有很大不同，打破了我对港澳青年公益实践的刻板印象，也让我认识到做公益、宣传公益绝不是一件易事，它需要更人性化、更精细化的方法和手段。

蒋金佚：一方面是同处大湾区，但是港澳的青年公益类活动的运作方式与内地有所不同，更为灵活，自发性更强，值得我们学习。另一方面是学校对于学生公益事业较之过去更重视，开设了公益班集体等，来培养学生做公益的情怀和方法。

新木说说

蒋弘佳：大家好，我是新木大湾区青年公益书籍的项目成员，今天的访谈将形成书稿的重要内容，我听完感触很多，大家刚才也有提到学校在公益实践中的作用，根据我自己参与公益的经验，高校在参与公益的过程中更多地起到宣传和桥梁的作用，把社会企业与高校青年联系在一起。我因为学校的宣传来到了新木，记得加入新木的第一天，导师告诉我们从此刻起大家不再是同学的身份，而是彼此协作的同事。

新木作为一个社会企业，它在引导学生参加公益的时候，更多的是以类似于职场化运营的模式，给我们提供了一个参与到公益实践中的渠道，引导我们用专业所学参与项目，主动承担项目职责，和学校形成联合的人才培育和项目孵化机制，这种方式与在学校参与公益的方式是很不同的，期待未来和大家、和更多小伙伴一起用青年专业力量推动公益实践的持续发展。

卢正源： 同学们好，我是负责这次调研出版项目的新木志愿导师。我在学生期间参与过捐款，没有参与过其他更深度的或者辐射范围更广的公益活动。工作之后，我结识了新木青年伙伴，抱着一种探索心态参与到新木这个项目。对于我来说，这让我发现了一个很不一样的世界。

就我个人的经历而言，人们在进入社会后很难接触到公益方面的实践，所以在学生阶段培养对公益的兴趣比较重要。对于学生而言，进入大学前主要精力都在学业考试上。进入大学后，无论是进行学术活动还是素质培养活动，学校作为主体的推动作用是非常重要的。学校可以起到宏观层面的支持作用，比如资金方面、宣传方面等，做一些更大范围的或者更大力度的推广。而那种更细致的公益活动，更多地需要学生自发去组织。而像新木这样的创新组织，很像连接学校师生和社会的桥梁，一方面吸引高校青年参与公益，另一方面对于我们在职社会人士，它的项目设计和机制弥补了我之前公益实践经历的缺失，而这段经历也成为我人生很宝贵的体验。

丁韡（丁思桐）： 很开心新木和各位伙伴一起成长。今天听下来，确实感觉到深港澳高校青年呈现各自的特点和思维。大家从高校青年的角度分享、探讨了本次议题，我想从大湾区青年公益校外支持者的角度谈谈我的想法：

先来谈一谈新木为什么成立。2020 年新冠疫情暴发初期防疫物资紧缺，我们和一群“95 后”“00 后”高校青年受基金会委托，联合美国留学生组织从海外采购 5000 套防护服，运送到湖北 15 所医院。当时我们只有不到 10 个人完成这个任务，但我们做的都是专业化程度很高的事情：法律协议的拟定、对美国留学生机构的背景调查、沟通付款方式和交付标准、按照给定型号进行采购，以及筛选物流协助我们把这些物资运送到湖北的医院等。

这个过程跟参与者是不是学生没有关系，而是跟参与者有没有能力去解决社会问题直接相关。27 天的时间，我们隔着时差完成这个项目后，新木意识到年轻人——哪怕是学生，只要有一个正向的引导和科学的流程，把理论付诸实践，他们完全可以做出超越自身背景的事情。所以新木应运而生，倡导高校青年运用专业所学或特长技能、配合职场化的管理来激发自身潜力，鼓励青年们主动承担更大的责任、发挥出更大的价值。

在新木，我们不断强调高校青年是项目第一责任人和创造者，我们不会把每项任务解决办法如上课般讲得一清二楚，更倾向于大家在完成相关培训后，给予任务的方向和必要提示，鼓励青年们去探索，同时配备专业导师解答疑惑及保证项目运行不会偏离主要方向。这个过程有效培养年轻人独立的思辨能力，提高大家看问题的深度和执行产出的质量。

新木某种意义上在做一种素质教育，既培养公共利益意识，也希望通过这个方式在现有的教育机制下补充一些新的可能和机会，从职场和实践的体验，从更完整的个人成长角度去培养高校青年，使其既能动手执行，同时又具备领导力、思考力。

那么，新木为什么做这次调研及访谈？青年公益领域有许多类似的问卷，但新木的独特之处是以深圳青年平视的视角自发面向澳门和香港青年调研，并不是以居高临下或者上层机构的视角俯视大湾区青年。新木项目的设计视角和理念非常注重挖掘青年的主体意识，只有让青年们承担主要的角色和身份，青年们才能更好拓展出更多公益发展的可能性，这个效果和浅层参与公益是不一样的。

坦诚来说，随着新木吸引的学生越来越多，难免大家出于各种各样的考虑加入，但是坚持完成项目后，他们普遍会通过这些项目经历获得很棒的自我提升，比如联合国实习、国外升学因令招生官眼前一亮的个人陈述被顺利录取、因结识志同道合的伙伴发现自己更喜欢的领域决定转专业，这些令人惊喜的变化在新木发生着。新木是一面镜子，照出青年的各种形态，我们在并不轻松的项目过程和相关高标准的产出要求下，一次次走出舒适区，克服由此带来的负面情绪，最终拧成一股绳完成项目，收获项目价值，彼此成就、共同成长。此次调研，新木项目成员不断面临新挑战，但通过和大家及导师们的交流，克服困难落地项目，我们无比庆幸当初做出迈出深圳、走向你们的决定。

访谈即将结束，我们今天的对话是历史长河中一朵小小的并不起眼的浪花，但它将成为我们人生闪闪发光的记忆。我们相守相望，生命川流不止，青年力量不息，社会的进步发展等待你们携手推进。加油！大湾区青年们！

第六部分

新木青年说

2020 年初，突如其来的新冠疫情牵动着每个人的心，社会进入静默模式。彼时，新木青年们刚完成 2020 年 2 月海外物资运输项目，除身体力行支援抗疫，新木也在思考如何打造一档高质量的栏目，为人们提供精神力量。

2020 年 3 月，新木发起《新木青年说》品牌栏目，初期有幸和《经济学人 · 商论》执行总编辑吴晨老师合作，以具有前瞻性的思维方式探讨社会重要话题，引导观众深度思考，获取多元跨界的认知视角，构建面向未来的创新知识体系，获得观众一致好评及一众合作单位支持。随着新木逐渐明确服务高校青年的目标，《新木青年说》开始邀约代表性青年，以对话形式进一步深入了解青年的精神世界，并配合高校青年调研项目进行多场非公开采访。

新冠疫情四年，是新木高校青年系列调研项目持续的四年，是新木从蹒跚前行往外求到沉淀内观找答案的四年。这包含了太多意义的四年，《新木青年说》栏目再度启动。秉承栏目 slogan“青年，无关年龄”的理念，访谈组跨越年龄、背景、职业、国家对含调研项目在内的相关成员进行深度访谈。受访者和读者娓娓道来他们对青年公益共同的热爱，为这本青年公益漫游指南呈上鲜活多元的视角，向公众进一步展示 2020—2023 年系列调研项目背后的动人故事。

新年青年说
青年思想磁场
YouTalk

宋科

北京市金杜（深圳）律师事务所合伙人

新木第一位青年导师

合作项目：2020 年高校青年调研项目、2019 年深圳市龙华区慈善会资产保值增值制度项目

慈善资金保值增值和我的执业领域相关，加之此前我和思桐已有项目合作基础，得知有机会担任项目导师，我毫不犹豫地答应了。我主要负责组织项目志愿者和龙华区慈善会（以下简称“龙慈会”）开展访谈并对相关制度进行初稿修订，由我审阅修改及和龙慈会交换建议，最终对这个制度进行定稿。

在这个过程中确实遇到一些阻碍。一方面，律师的思维对诸如制度的表述、逻辑的周密性、前后的联系等方面非常关注。另一方面，对慈善组织来说，法律语言和行业语言在呈现和理解上存在差异，同时慈善组织的特性也决定他们有一些个性化的诉求。我认为主要的难度是把上述两个方面更有效地结合，既能够注重制度的法律逻辑，同时尽量立足慈善组织的实际情况，使得制度设计更加具有落地的可能性。

在这个过程中，新木和龙慈会保持着较为高频和细致的沟通，比如新木会准备相关资料和案例解读让龙慈会更加具象地了解相关法律术语究竟是什么样的内涵和外延，以及他们的诉求需要我们做怎样的调整和配合。通过双方充分沟通和大量修改论证，最后形成定稿成果，并通过龙慈会事务委员会决议。

这个项目周期原计划为3个月，最终历时7个半月完成。突发的新冠疫情对项目推进造成一定冲击，但项目组在线上保持很密切的联系。即使经过5天工作日的繁忙，大家依然准时参加每周六的早8点例会，及时同步彼此的进度。愉快的沟通氛围和高效的项目管理让我们的凝聚力没有因为项目延期受到影响。

作为商事律师，我认为参与公益的最大阻力在于如何让公益行业的从业者基于具体的实践理解抽象的法律思维。通过沟通和努力，我们对他们的诉求和实际情况有所了解，同时也让他们对法律的逻辑和思维有进一步的认知，最终我们一起形成工作成果，这个过程我觉得自己为社会做出了一些贡献，这让我很有成就感。

但由于公益组织的非营利性及其践行社会责任的特性，容易引导他们认为为其服务的律师应该尽可能提供公益性质的服务。然而在法律行业，有需求的机构为法律服务付费是比较通行的做法。这两种不同的观点确实会存在一些矛盾，双方的需求存在差异。一方面，从参与公益行业的法律服务角度出发，我们不能只考虑营利性。另一方面，上述情况也造成当前向公益行业提供法律服务的律师的人数和多样性相对商业领域比较缺乏，公益行业对法律业务的需求整体存在供给缺口。

值得欣喜的是，我在工作中发现越来越多的机构开始关注社会责任，来律所进行公益慈善领域的相关咨询比例逐渐上升。我们观察到互联网企业希望在共同富裕方面落地相关项目，并且在前期愿意花很多时间来沟通和打磨项目，用一种长期主义心态来规划整个项目周期。包括此前我和思桐合作的深圳市慈善会冠名基金制度项目，都能看到这样的趋势。

而思桐作为我的前同事，从一起在律所发起公益慈善板块到参与她创办的青年公益组织，我们合作方式的变化也反映出社会在不断进步，青年人敢于走出大平台、跳出自身的舒适区追寻理想。她为了实现自己的目标创办一个机构，这件事会从方方面面提升她对事物发展的认知和掌控力。

此前我没有参与过类似新木的机构。在和新木志愿者合作时，大家有比较良好的教育背景，在沟通和相处等方面很合得来。另外，我觉得年轻人更加有活力，更加积极向上，大家除了热心公益来参与项目，还希望借此对某一个行业有所了解和学习，为这个社会做一点贡献。这段经历让我觉得自己更年轻了，心态也更加阳光。

值得一提的是，我指导的项目志愿者有部分是非法律专业背景，他们给我留下很深的印象。虽然他们在项目初期存在一定顾虑，但他们的逻辑思维、拆解目标能力及实践能力很强，在导师的指导下能很好地完成任务。在律师行业，很多人在本科阶段学其他专业，进入法律工作岗位后表现不亚于法本人士。我认为人的能力更多还是和他的思维能力、解决问题的能力相关，这些能力是通用的，并不局限于具体的学习背景。

而我也感受到提升青年参与公益的专业能力越来越重要。现在很多青年热心公益，他们心态外放，试错的机会也更多。但正因为社会经验和阅历不足，在实际的项目中会遇到一些困难。比如怎么和不同行业的人沟通和相处，这和校园社交有很大区别。因新木的项目最终需要产出成果解决现实问题，新木会运用职场化管理，帮助青年把一腔热情和自身专业特长转化成解决社会问题的能力和行动，帮助青年实现从校园到职场、从理论到实践的融合过渡。

这个过程其实就是在塑造青年的专业能力。我很认同新木的理念——“因为年轻更要专业”，这个专业不仅体现在某一个项目上，更体现在青年如何带着逻辑思考问题和目标，如何分拆步骤最终实现目标。在公益普及的大背景下，我认为公益参与专业化尤为重要，这对整个公益行业的专业化会产生推动作用。祝福新木青年们，因为年轻，未来可期！

罗文恩

深圳大学政府管理学院行政管理系主任、副教授；公益创新专才班发起人

新木青年导师、重要合作方代表

合作项目：《大湾区青年公益漫游指南》出版项目，2020年、2021年、2023年高校青年调研项目，2021年粤港澳大湾区高校社创大赛，2021年首届大湾区社会创业青年论坛

和新木的结缘是一种双向奔赴。我和新木都关注青年人成长，恰好新木刚成立就推出对高校青年公益领域的相关调研，让我眼前一亮，双方沟通后一拍即合，并以2020年高校青年调研项目为契机开展一系列大学生公益项目合作。

青年公益领域涌现了很多“95后”“00后”的身影，他们这一代人有多少人了解公益、参与实践，对什么方向感兴趣，希望获得什么支持，等等，这些问题在我们服务大学生之前，是非常重要的信息，需要通过一系列的调研才能够深刻理解。所以我们通过大量的调研去了解高校青年画像，而这些信息在当时是很少人去探索的。

此外，我们想以新木这一调研项目为契机，成立一个社群。当时有10多所深圳的高校都参与进来了，我们希望通过这种方式搭建属于深圳高校的社群，让志同道合的青年群体去共同做一些和社会创新创业、公益创新创业有关的事情。在这个过程中，我们也遇到一些困难。我们作为学校组织，新木作为社会

企业，尽管双方的目标是一致的，但在实际合作中需要不断协调与磨合。

以 2021 年粤港澳大赛为例，首先，站在校方的角度，让学生承办大赛，对同学锻炼价值很大。但从新木的视角去看，因为同学们的社会工作经验相对不足，由学生主导整个大赛的运作，对接众多成熟合作机构和职场人士比较有挑战，像大赛后期的服务、工作对接等方面会出现一些问题。其次，学校和机构办大赛的目的是不一样的。机构办大赛更强调项目的可持续性，同时大赛是众多成熟机构交流合作的平台。而学校举办大赛的目的更多是偏向于启蒙教育，让大家理解什么叫社会创业，什么叫公益实践，更多的是一种实践教学的方式。从长远来看，我们怎么优化这个大赛的运作模式都是需要协调的。这些反映出来的问题也帮助我们在合作中不断优化项目运作模式，让项目可持续地发展下去。

同时在这个过程中，我感受到新木对于学生成长来说的确是一个很好的平台。思桐在大企业平台工作的背景，使她对于企业管理、团队管理、项目管理等都十分有经验且要求严格，她设计的项目可以从实践上提升学生的能力。因此我推荐了许多同学加入新木。

以高校调研项目为例，一方面，项目团队的分工很明确；另一方面，这些项目需要同学掌握数据分析的方法与技巧，具备良好的沟通与表达能力和 PPT 设计能力等，并且非常突出学生的主导角色和主观能动性，而不是一个浅层的学生活动参与，调研成果也在诸如中国公益慈善项目交流展示会（以下简称中国慈展会）这样的大舞台发布，并请学生代表上台发言。

基于这样的项目管理，学生的能力通过实战得到显著提升，并且这段经历对于学生后期求职、升学都有很大的帮助。值得一提的是，项目成立初期筛选的是志同道合的小伙伴，这个过程也培养了团队深厚的感情，我有学生参加新木的项目后转到另一个项目成员所在的专业，找到自己的兴趣所在。也有学生参与新木后加入了益才班、拿到大厂的实习 offer[①] 等。这些都是我们在和新木的互动中收获的意外惊喜和感动。

---

① offer：意思为录用通知书。——编者注

刘会峰

深圳市深商公益基金会秘书长，曾任深圳市龙华区慈善会执行副会长

新木第一家付费机构客户

合作项目：2019 年深圳市龙华区慈善会资产保值增值制度项目

慈善资金的增值保值对于慈善机构具有重要意义，其所涉及的合理性，及审核流程的合法性和规范性需要法律、金融等跨界专业协作，而慈善领域的保值增值专业人士或者机构并不多。遇到新木后一拍即合，一方面其项目成员来自法律、金融、财务等综合背景，非常契合项目需求；另一方面新木团队站在慈善会角度认真理解项目需求，其所做工作——对慈善会保持顺畅汇报和规范文件输出等，让慈善会看到一个负责、专业、高效的团队。

和新木的合作，让我看到越来越多的来自不同领域、背景的专业人士和机构关注并参与公益。随着社会急速发展，“专业”和“公益”这二者越来越密不可分。

我作为个人从业者来看，从事公益最关键的是对相关社会问题本身的理解，还有如何将问题解决，解决到什么程度。这个过程需要有专业能力的人对社会问题敏感度做相关调研分析，再根据实际情况进行专业的项目策划。同时我们要清醒地认识到社会资源是有限的，如何让有限的资源得到充分的利用，需

要专业上的真功夫。

同时作为公益组织的负责人，我认为组织层面最重要的是如何最大限度地把捐赠人的相关资源合理合法合规地传递给受助人这个过程，这既涉及组织管理，也需要懂机构治理和人才管理，从而让公益组织可持续发展。因此，专业并不仅仅在于懂得某一门专业知识，同时也体现在如何推动组织长远性、可持续性的发展，将公益组织健康地运作下去。

而和新木的合作让我看到"专业公益"在新一代青年中有很好的诠释。首先，我对青年的理解还是比较广义的，新木的项目成员来源于不同领域、不同专业，对公益具有较高投入意愿，这在当代社会是很难能可贵的，他们身上的热情本身就很有青年生机；其次，新木的项目成员具备的能力在其原本的专业领域也较为具有代表性，可以在公益领域发挥更高精尖的作用。时至四年，希望新木输出更多的优秀青年参与公益行业。

目前而言，公益行业人力资源的短板情况依然较为严重。大多青年可能更倾向选择高科技、金融等行业，而公益行业的就业通道相对狭窄。2022 年得知新木开展"公益人才发展需求调研"让我很期待。如何让大家对公益行业有信心，如何加深大众对公益行业的理解，让人们不只看到公益项目，不再认为公益是简单的扶贫，背后还有更多可持续的发展逻辑，逐步消除大众对公益不合时宜的固有思维和认知，让更多青年中坚力量和社会资源推动公益行业发展，这是每一个公益人在做的事，同时期待新木的调研给予启发。

冯莎

北京德和衡（深圳）律师事务所律师；中南财经政法大学2018级硕士研究生

新木第一位青年志愿者

参与项目：2020年深圳市平凡英雄基金会海外抗疫物资项目、2019年深圳市龙华区慈善会资产保值增值制度项目

我参与并见证了“新木”创立的过程。我和思桐年龄相近，希望这个青年公益组织是一个有生命活力和专业能力的新锐社区，能为社会问题的解决作出一些贡献。既然“星星之火可以燎原”，小木苗也可以长成参天大树。于是取意“新生之苗，参天大树”，把组织的名称定为“新木”，同时新生的树木，也代表着希望与朝气。

我亲自参与了2020年海外抗疫物资项目。我在武汉上学，新冠疫情刚暴发的那个寒假，我回家不久后武汉就封城了。当时打开朋友圈，每一个人都在寻求帮助，孤立无援。看到这些信息由自己熟悉的人发出来，心里很想做些什么。得知新木抗疫项目后，我作为法律志愿者参与进来，为基金会评估海外物资的采购风险，拟写协议，一步步看着5000套防护服从美国运进来，分发到湖北一线医院的手里，和基金会、海外采购方持续地沟通，每个环节流程都有照片记录。这些内容让我觉得新木这种实操性和专业性很突出的公益项目，给人的感受不是把钱捐进去就结束了，而是参与者发挥自己的专业特长，根据当

时的实际情况，立足宏观的社会背景，根据一线医院的需求协调资源开展救助，这是一件很有意义的事情，还挺伟大的，自己在参与过程中很有使命感，同时也为我用专业所学参与社会问题的解决感到自豪。

现在我已毕业步入职场，每每想起在新木的经历感触良多。我在校园参与的学生工作并不多。而在新木，我还记得自己第一次给小伙伴做培训，组织大家分工，然后把大家的成果汇总在一起，和负责人或者指导律师进行沟通讨论。这个过程除了锻炼自己上传下达的能力，也需要我有一定的决策领导能力，所以对于个人的统筹能力有很大的提升。

作为一个法学生，我当时接触实务工作是比较少的，当我把书本上的理论知识，甚至是我在书本上没有学习到的知识，和其他律师、小伙伴摸索出来的经验相结合，对于个人专业所学来说有很大裨益。同时正如这个项目的推文标题“新木青年在后方抗疫的 27 天”，我们在这个 27 天里完成物资从海外送到湖北医院，我们用专业和时间赛跑。

最让我难以忘怀的是参加新木的经历让我真切感受到年轻人的朝气，大家为了同一目标不计回报，热情付出。现在步入社会，很多人的思维是首先关注自己能获得什么，我很理解这一点。但我认为，对于很有社会价值的事，抱有一颗不计回报的心，用专业能力实实在在为社会去做一些力所能及的事，本身就很有意义，而历史经验告诉我们，这样往往最后能收获更多。

陈雅文

小红书自媒体运营、深圳大学2019级本科生

新木最年轻的项目经理

参与项目：2020年第八届中国公益慈善项目交流展示会参展项目、2020年高校青年调研项目

上大学第一年遇到新冠疫情，对自己多少有些冲击，当时看到老师推荐新木调研项目，我很感兴趣就报名加入，同时负责第八届中国慈展会参展项目，见证调研成果在慈展会中心舞台发布。

我负责新木慈展会项目，包括前期的面试、策划、布展等都是全流程跟进的。我记得有个公益孵化组织的工作人员来到我们的展位，问了很多新木的信息，当时他和我们谈完之后质疑道："你们这些青年人真的可以做得来这些事情吗？"我按捺住内心的起伏和他沟通，新木青年成立的目的就是想要改变外界对青年的认知。现在外界普遍抱有青年人还小、做不成事情之类的观念。但我们在导师的指导下也基本能够独当一面，能做事也能做好事。尽管我们的展位位置偏僻，但能吸引他来并咨询这么久，说明我们的展位很有特色。而展位设计、布展等大部分落地由我们主要负责完成。最后这位项目负责人不断点头肯定，留下了名片。这是我初次和职场人士沟通，得到他人的肯定让我很受鼓舞，这件事也让我记忆至今。

当然，这个过程也有困难坎坷。当时作为大一学生，担任

项目经理负责组织这种大型项目并没有什么社会经验，没有意识到这个职位需要周全考虑很多环节。在慈展会前夕，思桐姐打电话问我有没有出具慈展会需要的手册，我第一反应就是很蒙，随即感到十分紧张。虽然我联系组内学姐拿到参考资料，但还是感到很慌张焦虑。

我还记得当时自己偷偷流了几滴眼泪就打开电脑赶工。妈妈煮了我很喜欢吃的海鲜，我都将它们拒之门外，在电脑前工作到 11 点多。当晚例会后又开始自我怀疑，感觉心态要崩溃，半夜打电话给思桐姐。很感谢当时思桐姐鼓励安慰我，告诉我加油去做，宽慰我新木就是让年轻人试错的，失败也没关系。最后，如大家在新木公众号看到的，我们完成了这个艰巨的任务，而且完成得很棒，我本人也代表新木领取了慈展会颁发的“优秀新锐机构参展奖”，我和小伙伴们都感到很自豪。

当时的工作文档我至今还留存着。如果未来我需要做一个策展项目，这些都是宝贵的经验。在新木的项目过程中，需要很多的沟通与对接实现团队协作。我现在在实习中，也会习惯考虑如何向领导反馈。遇到一个问题，我会先去想办法，罗列几点解决措施后再反馈给我的领导，他那边决策就会轻松很多。这些好的习惯都是在新木项目中培养出来的；这些宝贵的经历，给我很多内心的鼓励，告诉我自身有很强大的力量。在新木项目结束后，我参加了一些比赛并获了奖，认识了很多朋友。比赛之后，我开始学习拍摄和剪辑视频，性格也越来越开朗活泼。原本在学校我是一个很文静、不太自信的人，但新木给了我很多力量，让我变得更自信。在新木经历了这次项目，完成了这些大大小小的事情之后，我更加坚定地相信，努力和不轻言放弃可以做成很多事情。

朱嘉汶

广州华商学院2020级本科生、深圳信息职业技术学院2019级

新木第一位职校志愿者，设计充满灵气

参与项目：2020年第八届中国公益慈善项目交流展示会参展项目、2020年高校青年调研项目

作为一个非设计专业的学生，因为对设计很感兴趣，当了解到新木招募设计志愿者时，我第一时间报名并且参与了两期项目。两次项目经历给我非常不一样的感受。第一期的设计元素由另一个志愿者确定后，我基于元素进一步延展设计内涵，出品了一系列成品（如：明信片、海报等），这个过程比较得心应手。而第二期项目并没有具体的设计元素，只明确了蓝色色调及海豚灵感。这个设计需求对我来说比较抽象，不能很快明确设计思路，加之专业积累有限，尝试了很久成品都不甚理想，让我感到比较困难。

没有具体元素作为指引，我起初完成的设计海报风格偏卡通。而作为宣传大湾区社会创业青年论坛的主海报，设计风格需要与论坛定位相匹配，才能起到良好的宣传作用，卡通风格相对不是那么正式。后来我参考了相关设计获取灵感，从蓝色、湾区、海洋等思路构建海报，最后完成成品，并得到项目组全体一致通过。我依然记得当时的欣喜，像在一个迷宫兜兜转转终于突破迷雾找到出口。

在这个过程中，团队的陪伴给了我很多力量。当时我是唯

一的职校学生，多少有些顾虑自己是否可以融入团队。加上设计并不是我的专业，进一步增加了我的思想包袱。然而在做项目的过程中，和小伙伴们沟通很顺畅。虽然因为新冠疫情不能见面，我们常约线上聊天修改设计，互相提出建议。即使我们来自不同的学校，但我感受到了大家的善意，互相学习、鼓励彼此，帮助我更快实现设计目标。

之前受家人影响，我参与过给家乡老人送物资的公益活动。而在新木的经历，是我第一次参与专业实操性这么强的志愿者项目。看到自己真正意义上完成一张比较拿得出手的海报，把兴趣一点点升华成专业最后呈现出来，这个过程给了我很多不一样的体验。其实参与项目期间学业比较紧张，对我的时间管理挑战较大，加之中途设计灵感受阻，设计稿几次未被通过，我时常有一种无力感。但我很庆幸这个过程自己没有放弃，而是不断尝试突破，最终实现目标。

在加入新木之前，我没有一个真正拿得出手的设计作品，设计软件的学习也是浅尝辄止。这次项目经历，不论是迫于压力，或者想要追赶小伙伴们，都促使我更加深入学习了解自己感兴趣的领域。如此机缘巧合，既然来都来了，那就尽情投入并享受过程，我想最后一定收获满满，不负此行。

文斌

深圳大学2021级硕士研究生、深圳大学2017级本科生

新木续航时间最长的志愿者

参与项目：2020—2023年高校青年调研系列项目、《大湾区青年公益漫游指南》出版项目、2020年第八届中国公益慈善项目交流展示会参展项目

不知不觉陪伴新木走过四个年头。从项目助理，到项目经理，再到项目导师，从本科到研究生，这四年，我也见证着自己的成长。第一次参与的项目是2020年新木青年调研项目，那时新木刚成立不久，希望通过调研了解深圳高校青年在公益实践领域的第一手信息，为后续新木打造青年社区服务提供数据依据。

因平时学习接触调研较多，初期我对于完成项目任务怀着较大信心。但在项目运行过程中却发现实操中设计出的问卷容易因为各种原因偏离调研目的。明确调研目的、调研对象、问卷结构、问题间的逻辑设置，这一套完整的调研项目流程要做好难度不小。同时因导师的职业背景不同，给出的建议从学术角度和实操角度也有着“理论—实践”的差异碰撞。但这个过程我们始终围绕调研目标和方向，理解彼此的思路，即使发生意见分歧也能基于明确的项目目标回到轨道上，这是我觉得团队协作非常宝贵的一点。

这一点也贯穿新木每一期项目运作：始终以项目目标为基

准，引导团队在充分交流碰撞中不断调整，找到最优解推进项目。而我的角色也在一次次项目中发生变化，带给我的思考也不尽相同。项目助理—项目经理—项目导师的角色转变，使我从一个上传下达的执行者转变为某个模块的指导者，需要我用更宏观的视角看待项目工作。同时从只关注“事”到关注“人”，帮助团队成员提升执行力和成效。我对事物认知的层次在不断提升，也在不断突破已有思维的局限。

当我得知有机会将新木四年的积累沉淀出书时，第一期调研项目的场景一下浮现在脑海。那时我们没有任何历史经验参考，也没有同类的青年调研项目参照，对团队来说是一个全新的探索。但这个过程我们很快乐，特别得知我们有机会在中国慈展会中心舞台发布调研成果，我们愈加感到自己的付出有价值。

而慈展会策展团队的加入把项目提升到一个新的高度：为新木打造全新的视觉设计，运用到发布会、参展展位、周边等，让调研最后拓展成一个内容丰富的大型项目，登上国家级展会舞台，获得新锐机构奖项。这一切由小伙伴们在导师的指导下一点一滴完成，大大超出我当初加入项目的预想。每每想起都让我心潮澎湃，你能想象这个项目的策展工作是由四名大一学生担任项目经理来推动完成的吗？

在新木，我看到青年的创新力量被充分激发，创造出如此惊艳的成果。很期待新木青年调研项目一直做下去，持续对高校青年群体展开近距离观察，成为青年群体向社会发声、与社会交流的有力平台。我也期待自己心中的公益种子成长为大树时，反哺公益领域，尽自己所能帮助别人。

吴俊琴

东北大学2023级硕士研究生、深圳大学2019级本科生

新木最懂“反向管理”导师的志愿者

参与项目：2020年第八届中国公益慈善项目交流展示会参展项目、2020年高校青年调研项目

2020年夏天，我和三位同学主要负责新木第八届中国公益慈善项目交流展示会参展项目，同时和学长学姐所在的调研项目互相配合，共同完成慈展会上的调研报告发布会。我们四人刚开始主要协助完成调研项目的部分基础工作。当得知调研成果有机会在慈展会发布时激动万分，没想到自己起初抱着简单目的参与的项目能登上这么大的舞台。但思桐姐紧接着抛出一根橄榄枝让我们措手不及：

新木有意向慈展会申请展位，提供参展所有必需的资源和资金支持，但是需要我们作为项目经理招募参展成员，完成参展所需物料的设计、宣传视频和周边制作，以及为期两天的参展工作和慈展会各方交流，作为新木青年的一员代表新木正式在慈展会出道。参展意愿完全取决于我们，如不参展，我们按原计划做完调研完成发布会即可。

这对我们来说是巨大挑战，思桐姐给了充裕的思考时间。我们商量了很久，不做会轻松，但是做了不会后悔。于是我们接下这根橄榄枝，也意味着一个新的参展项目正式立项。

考虑到学业因素，我为辅助角色。我们四人各有分工，发

招募推文，安排面试流程，筛选新项目成员。一个月前我们还在给调研项目打辅助，现在成了参展项目负责人，这种变化是目标的不断提升、角色的层层递进，既给了我们充分的施展空间，也要求我们适应职场思维快速进入角色。

这个过程并不一帆风顺，由于主导项目的小伙伴因个人因素退居二线，我便果断站出来，和另一位组长雅文一起把事情统筹安排好，也牺牲了许多个人娱乐时间。

由于项目有完成时限，我在明确任务目标的情况下不断分解细项分配给组员，把控进度。所谓“ddl（deadline）[①] 是第一生产力”，如何合理地将事情平摊到时间线里是关键。另外，如何高效上传下达，甚至做出预判协调人力，对我也是考验。整个过程我会注意站在组员的角度思考问题，仔细询问导师的反馈便于同步给组员理解，遇到组员消极怠工，我也会严肃沟通，强调大家是一个整体，进程会相互影响。同时我也会重视组员的情绪，让对方明白我是沟通而非一味指责。加之我日常比较随和，经常和组员聊天相聚，大家彼此亲近。感受到大家对我的认可也给我很多能量，支持我解决一个个难题。

慈展会那天，我见证了调研项目的成果在慈展会发布的整个过程。同时雅文代表项目组领取主办方颁发的“新锐机构奖”，她是众多领奖者中唯一的学生。而这次思桐姐和新木小伙伴对我的访谈邀请和评价，让我觉得自己的价值得到认可和体现。

我时常回想在新木做项目的经历。思桐姐一遍遍和我们说新木的理念和背后的故事，导师们逐句逐字逐笔逐画地推敲完

---

① ddl：意思为最后期限。——编者注

善，我们一遍遍地被激励着打开脑洞、修改设计图、提取关键元素，最后完成了这套引以为傲的“青年创新宇宙”主题设计、配套推文和视频及一系列的周边，我们的展位也吸引了很多观众前来打卡。参与新木项目需要很多创造性思维，随着时间推移，我发现这些思维不知不觉融入我的学习过程，并逐渐成为我自己的能力。

我做过很多活动的志愿者，比如社区志愿者、核酸义工等，为人们提供力所能及的帮助。但对类似新木的项目接触较少，这样的机会和落地机构并不多，和我以往参与的志愿活动完全不同。这段时光充满挑战，新木将每个人看成有着创造力的同事伙伴而不仅仅是一个学生。希望这个有趣、有料、有情的青年创新宇宙聚集更多志同道合的青年人，突破自己，创造更多青年价值。

吴珊頔

加利福尼亚大学尔湾分校2022级本科生、斯图亚特女子中学2018级高中生

新木第一位海外志愿者

参与项目：2020年第八届中国公益慈善项目交流展示会参展项目

当时在美国读书，经同学推荐参与新木项目，负责新木主元素设计及部分周边设计工作。虽然隔着8小时时差，但是思桐姐和设计组小伙伴非常给力，他们经常熬到国内十一二点配合我的时间，首先在此非常非常非常感谢他们！

刚拿到设计任务——打造一套新木主VI[①]体系，对于还是高中生的我来说难度着实不小。我查阅了新木过往项目情况，和创始团队沟通，逐渐加深对新木的理解。这个过程我也越来越明白“新木青年创新社区”的含义，帮助我理顺设计思路。

新木作为一个新生组织，服务对象围绕青年志愿者展开，成员大多来自不同高校，让我产生这是一个年轻有活力的社区的初始印象。同时“青年”容易让人联想到“未来”，而未来感常常通过科学技术、宇宙等概念体现。作为一个年轻人，我觉得这个世界还有太多未知的事物等待青年人去探索，这与新木想要打造一个不同于以往青年组织、充分发挥青年专业能力解

① VI：英文全称为Visual Identity，意思为视觉识别。——编者注

决社会问题、构建一个更加创新的青年成长平台的理念不谋而合。同时新木的成员来自不同专业背景，青年志愿者们在新木的平台上有很多机会体验不同领域的项目，解锁一些新方向，这和宇宙的广阔包容性很匹配。于是我们敲定了这套 VI 设计元素，并为设计主题取名为“青年创新宇宙”。

这是我第一次真正意义上负责一个独立的设计项目，极大地锻炼了我的专业设计能力。思桐姐的精益求精让我印象深刻，字号大小、页边距离、字体粗细等，她不放过任何可优化的细节，改了多次才定稿。这个过程比较痛苦，从第一次沟通到所有工作定稿只用了一个月的时间，可想工作的强度和密度多大。但成品出来的那一刻，细节不断完善带来的品质感，让我不由得感叹和自豪：这是让我骄傲的作品。

此外，与团队的合作过程中，如何跨越地区、时差、专业特长带来的差异，实现一致的项目目标，这些问题指引我不断提高沟通表达能力，同时我也学会从更宏观的方向思考设计内容去契合项目主题。

我参与过帮助老人或者小朋友的公益项目，让我对公益并不完全陌生。加之美国学校有强制性的社会服务要求，我们必须要去做公益。比如我会利用周末时间去学校教学生中文或者去养老院组织老人活动。同时美国的学校和家长从孩子小时候就关注他们的社会实践和动手能力，这是他们的一个特点。

我感受到国内现在越来越重视公益，尤其通过这次新木项目，一方面，新木为大学生打造职场实战体验，鼓励青年运用专业能力参与项目，让我觉得很难得；另一方面，这段经历含金量很高，对我未来的升学帮助很大，实现了组织目标和个人目标的双赢。我很庆幸遇到新木，收获了宝贵的经验和友情，也让我更加坚信青年有潜力也有一定能力去探索自我、实现目标。

杨茜麟

纽约大学 2021 级本科生、深圳国际交流学院 2017 级高中生
新木第一位高中志愿者
参与项目：2020 年“新木青年说”访谈栏目

我就读于四年制的国际高中，在第三年暑假时，出于兴趣、升学专业方向（传媒）的考虑，选择加入了新木项目实习，负责参与“新木青年说”访谈栏目的策划及人物采访。

栏目初衷是通过采访不同年龄段、不同领域的青年代表，展示他们对这个世界的独特认知，为高校青年提供有益参考。当时栏目在人物访谈这块是从零开始的，我和思桐姐两人常 brainstorm[①] 如何将栏目做得更有趣。起初我们抱着试验的心态，邀约不同的人沟通，但始终没有梳理出栏目的核心。

当采访到一位百万粉丝 UP 主[②]时，我们的感受发生了重大转变。当提及她和妈妈的互动时，这位 UP 主泪光闪动，这是不同于网络形象的她，那一刻我才明白当初思桐姐介绍《新木青年说》的栏目意义：通过对话的力量，打开彼此的内心，走进对方的生活，拓展自己认知世界的边界。

这个画面让我记忆犹新。我们常以书本作为知识全部，但当一个鲜活的人面对面讲述他们的人生，你会发现字面知识并

---

① brainstorm：意思为头脑风暴。——编者注
② UP 主：意思为视频博主。——编者注

不足以支撑了解这个世界。这个项目激发了我对他人的好奇心，好奇 TA 的生活是什么样的、TA 经历着怎么样的故事。

过去的我对于世界的认识非常局限。我初中就读于公立学校，经历过中考，那时所想的只是写好作业、考好试。后面就读国际学校，接触了另一套教育体系，给我提供了另外一种思维去看待整个世界、我的国家、我之前对人生的想法。我非常清晰地感受到，让学生富有探索精神对其成长非常重要。

对学生来说，新木很像课外成长社区。它给予我们很多自由空间去探索，鼓励我们运用专业知识解决实际问题、实现自我价值，同时我们组成团队，通过职场化分工合作，共同成长。这种形式非常新颖，不同于我所了解到的公益组织和项目。新木会深入地观察和培养每个人。而我们经历了新冠疫情时期，整个社会非常需要这种人和人之间有意义的链接，这会激发越来越多的人对社会、对公共利益的关心。所以我发自内心地认为新木是一个很好的青年成长平台，也对国内未来的创新公益持很乐观的态度。

2022 年新木调研主题围绕青年在公益领域职业选择展开，进一步加深了我的感触。我相信每个人都希望实现自我价值，但同时身为刚毕业的大学生，有时没有足够的勇气追寻内心，去成就自己的价值感，很多人会屈服于现实，先做一份自己不太喜欢的工作，收获可观的收入。我很理解这个现状，也曾为此迷茫。能提早探索世界并了解到真实的现状，这对应届毕业生或新生而言都十分重要。

这段经历对于我的人生规划有很大帮助。起初我追求比如金融、咨询等变现能力强的专业或职业。现实告诉我在这个社会立足，首先得“吃饱饭”，有足够的经济来源支撑自己。同时，新木的经历也会提醒我人与人之间有着丰富的联系吸引我去探索，吸引我通过交流输出自己对世界的认知。

即使我现在学习的专业是商科，这段经历带给我的心灵力量也一定会促使我在人生的某一节点返回来继续投入对话类的工作。思桐姐就是一个非常鲜活的例子。她现在创办新木，或许就是到了她人生中的某一节点，帮助青年群体，和不同的人沟通，这已经超越了实现个人价值的目标，甚至会影响一代人。实习期间，思桐姐本人对我的启发非常大，正如她经历了很多之后回到项目以导师身份引领我们参与有意义的事。她提到创立新木的初衷是给青年一个舞台、一个平台更好地发挥自己的专业能力，我认为这一切真的做到了，至少已经走了很长一段路。

希望新木能够成为我们这一代人心中的一个小小的标志，成为一群非常热爱生活、想去探索并且扩展自己边界的人的标志，永远年轻、鲜活、自由、不设限。

岳敏

知识产权咨询、北京大学国际法学院 2019 级硕士研究生
新木第一位部门青年志愿者
参与项目：新木法务部

和其他志愿者不同，我没有参与具体项目，在新木成立初期作为法务部志愿者为项目提供必要的法律支持。我和几位同学初期主要负责项目运行中需要用到的协议，公众号正式通告之类的文本，我主要的工作是审阅、校对这些文本。于是思桐姐顺势提出成立法务部，为新木长远发展打下扎实基础。

在新木，日常法律工作主要涉及对内对外两个方向。对内如志愿者协议和导师协议，项目结束后开具的相关证明、证书等。对外来说，如机构资助、合作协议等，法务部也会基于实际情况对协议进行审阅、校对、完善。此外，新木在工作过程中会涉及相关资料和法律法规的检索运用，我们也设计了台账，把签订的合同、项目资助协议等通过表格进行整理。

当时我在法律领域处于初期学习阶段，新木建立也才几个月。我运用当时为数不多的法律知识开展工作，有一种和新木一起成长的感觉。协议前后改了很多版，比如语病检索、前后用语一致性、需要考虑的风险和违约责任等，逐渐把协议以书面规范的形式完整表现出来。这些在新木学到的实操法律的技能与思维，不管在生活还是工作中，我觉得都是很实用的

东西。

值得一提的是，修订协议版本时，新木一直在考虑自己的发展方向和定位是什么。以志愿者为例，他们到底是以实习生的身份加入新木，还是以获得志愿工时的志愿者身份加入新木？这种定位需要在志愿者协议里面体现。同时，随着新木自身发展目标一步步明晰，协议也需要同步调整。修订协议的过程也是新木的自我发展完善的过程。当时我的很多工作直接和思桐姐对接，我们会基于法律视角讨论新木未来的发展方向，如何让新木发展得更好、要达到新木的目标应该怎么走等，站在整个新木视角来设计新木的协议框架，并服务于具体的项目。

这使我近距离体会到法律并不是冰冷的条文，它生动地陪伴着一个机构的成长。而这段经历，一直是我简历上重要的部分。它是我第一份正式的法律工作，是我第一次接触法律实务的平台。同时在新木接触的多是年轻人，彼此同龄，合作起来很同频，这是我很喜欢的一个状态。而思桐姐有律所工作经验，和她的沟通也很顺畅。新木的工作偏实操，需要接触校园外的社会，但它营造了非常友好平等的环境让年轻人成长，积累社会经验，我很感激这一点。

我看到新木在初创阶段艰难困苦了许久，也看到思桐姐很多时候独自思考，带领新木往前走。这两年新木一直在输出内容，收到新木周边时，我真切地感受到新木慢慢走得更扎实了，它没有停留在要不要继续走下去的状态。周边给我一种新木有了生命力的感觉，如同新木宣传视频里萌芽的种子，在更健康地成长，我也感到自己以前做的许多工作是有意义的，这一点让我感到自豪。

期待新木继续注入青年人的新鲜血液运行下去，正如思桐姐对新木的热爱触动我不自觉地和她一起思考、投入。它激发了人性善意的本能和青年人的潜力。带着这份热爱和坚持，突破公益道路上的迷茫和困难，我们一定会走得更好更远。

群访：黄文旖　李佳欣　卢婉婷　曾冰妍　钟菲

新木2021年系列项目部分核心成员（按姓名首字母排序）

·黄文旖：吉林大学2023级硕士研究生、深圳大学2019级本科生

·李佳欣：广东省韶关市乐昌市人社局、深圳大学2019级本科生

·卢婉婷：制造业人力资源管理、深圳大学2019级本科生

·曾冰妍：教育单位行政助理、深圳大学2019级本科生

·钟菲：湖南大学2023级硕士研究生、深圳大学2019级本科生

参与项目：2021年粤港澳大湾区高校青年社会创业项目大赛、2021年高校青年调研项目、2021年首届大湾区社会创业青年论坛

2021年1—6月，新木如上项目先后开展。2021社创大赛由深圳大学主办，深大管理学院、深大公益创新专才班和新木联合承办。2021年高校调研和论坛则为新木主办，其中2021年调研白皮书由新木和前瞻产业研究院联合出品。该系列项目得到广东省与人公益基金会、顺丰公益基金会、前瞻产业研究院、深圳市创新投资集团有限公司等战略合作伙伴，及中华思源工程扶贫基金会、新浪扬帆公益基金、刺猬实习、前瞻经济学人、高校社创研究中心、相关媒体等一众单位的全程支持。

2021年系列项目以社创大赛为基石，与2021年高校青年

社会创业调研主题相呼应，最终以青年社创论坛为载体呈现大赛奖项、调研白皮书、各方重要嘉宾思想汇集等项目成果。根据项目数据统计，赛事外联筹款较上届增长近700%，全国152所高校370个项目参赛，项目合作方首次涵盖高校、公益组织、专业机构、风投、企业、媒体等多个领域，影响超10万人次。

这是所有合作机构和参与人员共同努力的成果，也是新木继2020年调研、慈展会参展及调研报告发布会多重项目历练后，再次负责运营多个大型项目。和2020年不同的是，新木在2021年系列项目为多重角色：既有全局统筹，又有细分执行；既要当机立断，又需反复定夺；既要精准取舍，又要最大范围联合。最关键的是，完成系列项目的顶层设计，并在此基础上把项目的公益属性和恰当的商业诉求结合以达到项目成效、社会影响力、各方利益的平衡。如同立体象限，新木需要在X、Y、Z三轴维度同步开展项目管理，不断切换视角推动系列项目有序并行，这对2021届团队是一个巨大挑战。

除5名职场导师外，共计12名学生志愿者先后参与系列项目的工作。通过科学高效的分工协作和项目管理，团队在近半年的时间里出色完成新木所负责的各项工作，比如赛事筹款、合作机构及嘉宾邀约、官网建设、新木组队程序“队了”初始版本搭建上线、2021年调研、论坛物料设计及现场执行等专业性及职业性均要求较高的内容。项目期间，导师和志愿者绝大部分时间通过线上方式沟通及落地项目大大小小的事项。

这是新木成长故事里浓墨重彩的一笔。不仅因为它作为项目本身创造了新的纪录和更广阔的链接，更因为在半年漫长的时间里，这样一支稍显稚嫩、人数不多的团队凭着强大的凝聚力，在实践中不断摸索总结，带着无所畏惧的信念在开局并不明朗的情况下完成了这个系列项目。尤其对于学生志愿者，项目需要的素质和能力在大众认知里远超他们当时的年龄所具备的水平。确实，这个过程新木团队走了弯路，栽了跟头，在无人处消化不被理解的崩溃，还有放不下的遗憾。但最后，我们一同走完这段旅程。因时间安排有限，我们邀请到部分项目核心成员，和读者分享她们的心得体会。

初遇新木

卢婉婷：我们几个同学在其他成员基本完成项目筹款和官网建设的阶段加入。前期先启动调研项目，4—6月陆续启动大赛和论坛的相关筹备工作。文旖和我分别担任调研项目和赛事—论坛项目的组长。

黄文旖：是的。我主要负责调研项目的推进，和大家一起完成问卷的设计、发放、数据分析，根据导师的反馈完善调研内容，将数据结果同步给导师进行白皮书撰写。虽然是志愿者形式，但项目内容可以充分发挥我的专业所长，这一点特别打动我，在新木还能认识很多优秀的小伙伴，我就来了。

钟菲：我的专业偏公益类型，觉得项目对丰富履历和后续发展的帮助较大，实践性很强，加上本校老师推荐，心动之下决定报名。

李佳欣、曾冰妍：大家都是类似的原因。

难以忘怀的回忆和理论—实践的碰撞

黄文旖：有上期调研的经验可参考，起初我们觉得难度应该在可控范围。但在第一次设计问卷时，由于大家的想法很活跃，初次参与大型调研，第一版问卷内容和前后逻辑设计是比较混乱的。

在导师们的指导下，我们大改一遍梳理出问卷逻辑雏形，小细节也在不断优化。比如问卷的人称要统一“你”还是“您”，用语措辞如何做到简洁无歧义。导师们反复强调站在答卷者的角度，抛掉自以为是的想法，这个过程让我们掌握了不少实操技能。

李佳欣：说到改问卷，那个星期我们基本上一晚上都在讨论提纲，有时候讨论到凌晨。当时我们在没有光亮的食堂门口，一边打着手电筒，一边喂蚊子，太惨了。

钟菲：因为我们下课已经是晚上八九点了嘛，开会讨论很容易就到 12 点，甚至凌晨一两点。

卢婉婷：问卷发出后我们按部就班推进事项，但轻松的日子很快结束，5 月我们开始忙起来。大赛决赛是 6 月初，很多铺垫工作需要逐一落地。当时我们和代表另一个承办方益才班的深大学生们分头推进大赛。新木和益才班的分工在大方向上是明确的，双方的执行团队基本为深大学生，在细分工作上边界有些模糊。

当时我们挺焦虑的，事情较难推进，进度就会被搁置。思桐姐和益才班罗文恩老师将情况梳理清楚后，新木团队成员进一步分成多个职能小组，明确细项任务，配合工作日报同步进展，我们靠着清晰的分工和团队协作渐渐顺利地把项目推进下去。

曾冰妍：那段时间课程特别多。因为我主要负责文字工作，当时我记得婉婷给我列了一个表，一睁眼就是几号几号要完成什么推文，感觉自己被安排得明明白白。我们组内也经常开会，有时两个人或者三个人开一个小会议。晚上回到宿舍洗完澡，第一件事就是跑出去开会。

我还有一个比较深的感触，大家多是第一次接触这种职场化运营的项目，我们不懂得在职场中怎么沟通会更有效。思桐姐和婉婷做了相关调整后改善了混乱的沟通局面。思桐姐提出“找对人，做正确的事”这一点让我印象深刻。

钟菲：我印象最深的是整个项目随着青年论坛直播而结束，那一刻是我们最开心的时候，忙了这么久终于圆满完成任务，这个成就感让我至今难忘。大家上面提到的阵痛阶段，思桐姐帮我们调整方法，我们再内部开小会，慢慢地走下去，这个过程很重要，通过实战学到了很多项目管理的知识。

以我负责的嘉宾对接工作为例，思桐姐建议我通过在线协作文档建立台账，列明嘉宾情况、对接要点和联系进度，便于其他成员协作。比如我对接了某个公益组织，其他组看到后会同步准备相关物料和文案内容，团队成员之间的工作环环相扣，同时清晰明了，项目推进也顺畅很多，这些工作文档是项目管理中必要的工具。我学习过项目管理课程，在自己真正做项目时，这些实操经验让我对理论有了更实质的感悟。

曾冰妍：说到项目管理，当时这种机制下大家的说话方式都变了。我们的对话几乎没有平常聊天的感觉，基本是向对方询问问题、罗列需求。我们的方式和节奏特别一致，现在回想还有点工作机器的感觉。

钟菲：你们主要对内部成员，我对接外部老师们，压力巨大。和合作机构嘉宾、大赛评委、论坛嘉宾的沟通内容各有不同，既涉及项目内部事务又涵盖外部合作。尽管知道职场交流和日常聊天不一样，但落到细节，其中的分寸、措辞、语气都需注意，思桐姐为此给我开了不少小灶补课。工作开始前，我先把沟通要点和需求列清楚，检查无误再发给对方。刚开始思桐姐协助我把关内容，后面自己渐渐独立进行外联，拿捏其中的尺度，感觉那时自己像新木外交发言人，也意识到沟通是一门需要不断学习的艺术。

坚持让我们看到价值，约定二次启航

黄文旖：确实，新木的项目和我以往做的志愿者活动差别很大。我参与过类似陪伴孤独症孩子看书学习、去河边清理废弃物的公益活动，完成任务相对容易。但在新木，需要充分发挥我的专业知识，投入的深度、时间周期及项目要求都会大大提高。

包括新木的调研问卷，和自己在校做的也有很大区别。首先，调研问卷更加严谨，因为面向全深圳市的高校发放，问卷的逻辑设计需要更加全面、经得起推敲。其次，调研问卷有一套规范的质量标准。在问卷发放过程中，确定抽样比例，尽可能监控发放渠道答卷的有序进行，以明确的标准判定问卷质量来筛选有效数据，这些在新木的调研项目中有一套非常规范的程序，和平时作业通过问卷星收集数据是两回事。加之调研规模大、对象众多，远超出学校里接触到的体量，在一个更广的维度做调研也进一步提升了我的学术能力。

李佳欣：而且调研关注到青年就业的一些现状。2021 年高校青年调研白皮书主题是社会创业，近年来毕业生就业难的问题越来越突出，在创业领域也出现了一些新的变化，不再完全出于商业目的进行创业。白皮书比较直观地展现高校青年对于关注公共利益的社会创业的态度和思考，在一定程度上为政府、企业或者大众了解青年们的想法提供相关借鉴。

曾冰妍：我记得 2021 年调研还有一个背景：后新冠疫情时代。这个阶段下的青年创业，和在新冠疫情发生前、新冠疫情严峻时期肯定不一样。2020 年和 2021 年的调研数据显示高校青年对和志同道合的伙伴组成团队展现出非常强烈的意愿，渴望与他人建立更深度的链接。个人认为它有很大的学术价值和社会价值以及指导意义。调研向公众反映了真实的青年心声，这对相关部门机构、学校和大众在给予青年相关支持时是比较有益的参考。

卢婉婷：调研项目记录了这一代青年的态度，也沉淀了第一手数据。以这些数据为基础做了一些探索，比如开发新木“队了”组队小程序，未来可能还会孵化更多的东西。持续开展调研，既可以让社会了解一代代的年轻人，也指引新木思考如何基于调研创造更大的社会价值。

黄文旖：我所了解到的信息里，新木调研项目是首个关注深圳高校青年公益领域的系列研究，这在国内是鲜有的。在我看来，一个调研最大的价值是通过一系列的研究验证一些他人未知的领域，或是通过科学创新的方式得出少数人知道的有现实意义的结论。调研本身所涉及的领域极富创新性，创新性是新木青年调研最大的价值。

钟菲：听大家这么总结下来，回想当时几次时间管理面临崩溃，我们都非常团结地度过了一个个艰难时刻。情绪波动时，大家就约出来吐吐槽，做表情包，打印一些金句标语贴到宿舍墙，互相加油打气。团队的鼓励支撑让我们释放负面能量后依然责任心满满推进工作，像群里几百条消息，我们每一条消息都会仔细去看，不会遗漏。

大家共事特别开心，在 6 月项目完成后，得知新木有意启动 2021 年第二期项目——新木“队了”小程序 1.0 版本开发，包括我在内的部分成员决定继续参与，组长是婉婷。2021 年社创调研数据显示近一半的学生找不到合适的队友开展相关团队活动，类似结论在 2020 年的调研中已经呈现过，我也常在微信群里看到各种项目在招募成员。项目组认为产品需求存在，可以研究如招聘、交友类似功能的产品模式，希望把初始版本从网页形式转化成小程序以便于使用。

卢婉婷：我补充下这个小程序项目启动的契机。社创项目是基于解决某一个公益问题开展相关创业发展活动，和商业化创业不太一样。虽然商业领域有类似功能的产品，新木希望在青年公益领域也能有一款便于青年组队的对标产品。

大赛期间，思桐姐和其他志愿者利用多维表格做出了网页版组队平台，这是“队了”的雏形，吸引了少数用户使用。第二期项目中，我们邀请这些用户访谈，和导师们一起做需求和竞品分析、预算规划，最终敲定开发“队了”小程序 1.0 版本。

有未完成的遗憾，也有满满的不虚此行

钟菲：婉婷主要负责需求分析，我和其他伙伴负责访谈，根据访谈内容来调整产品细节，招募技术成员加入志愿者团队。技术型项目挑战还挺大的，加上 9 月开学后学业特别忙，我们做完相关交接后结束了第二期项目的工作。

卢婉婷：是的，虽然技术团队有前后端及 UI[①] 设计，当时的水平还不足以支撑一个小程序的开发。

曾冰妍：离开前小程序的名字还没有确定，当时想了很多名字都不太合适。

钟菲：我记得 12 月左右小程序上线，那时知道名字叫“队了”。

卢婉婷：当时条件有限，有些遗憾。未来如果有合适的时段，搭建运营和技术团队慢慢培养用户，“队了”可以维持很久。我第一次体验产品经理这个角色，尝试写 PRD（产品需求文档），画原型图，打开了我对另一个专业领域的认知。说实

---

① UI：英文全称为 User Interface，意思为用户界面。——编者注

话，我希望“队了”继续做下去。毕竟前期大家齐心协力投入，后期停掉确实有点可惜。

钟菲： 这个情况个人认为挺常见的。2021 年上半年项目收尾环节原计划采取线下形式，很多物料已送到现场，因为新冠疫情加重，策划案紧急调整为线上形式，方案重新写，项目现场我们同步在 B 站做直播，可最终参会人数只有预期的 20%~30%。所以我觉得“队了”也不算失败，项目也像人一样，总是会遇到一些问题，不可能是一帆风顺的。根据当下情况不断调整、灵活处理，或许是应对变化的一个方式。

卢婉婷： 由于新冠疫情的不确定性，新木在创业初期容易遇到很多挑战，关键看我们从这个过程中学到什么。我第一次进入这种职场化的项目，工作强度比较大，但我发现自己是可以卷的（笑），我也进入一个比较大的公司实习。通过项目，我接触到不少同龄人、公益人士身体力行投入公益，受他们的影响，我也会做一些公益捐款。

黄文旖： 新木这段经历在我面试策划类实习时非常加分。优秀的策划要先了解市场，了解消费者及其对产品的感受等方面，在新木积累的项目经验让我更加从容地说出自己对于策划调研的理解而不是泛泛而谈，在后期的工作也会派上用场。

我向公益组织投递过简历，他们的用人要求是比较高的。虽然目前所在的机构不是公益组织，工作内容不完全是公益性质，但如果可以给别人带来帮助，给社会带来价值，我会更青睐去做这样的工作。这也是参与新木给我的启发和意义吧，让我在工作的同时考虑社会责任。

钟菲： 我目前也在实习，工作和学习中常用到在新木学到的职场技能和调研能力。在新木自己的观念也被打开，我接触到参赛选手以及一些嘉宾，他们的行动向我展示公益和商业可以融合。如果我在企业工作，有机会也会开展公益项目，抑或考虑公益行业、大型社会组织或第三部门的相关职位，即使收入不具备吸引力也没关系。如果从事学术研究，我也会考虑以公益领域为导向。

曾冰妍：我在备考研究生，虽然没有参与实习，但我相信在项目中掌握的职场技巧和经验对未来的工作会有帮助。新木的项目也促使我更客观地看到公益创新的局限性。比如大赛不乏优秀项目，但它们在筹资、组建团队等环节困难较多，缺乏落地的支持资源。在后续的学习和研究中，我会更关注如何让它们更高效地运转。

未来依然值得期待

卢婉婷：有时我在想，后期如果一些企业关注到类似新木这样以公益为出发点的组织或者项目，愿意支持一些资源，说不定咱们“队了”小程序就能继续运营。

李佳欣：我通过新木项目了解到企业分很多部门，具有不同的职能，比如运营、外联、品牌等，每个部门都有自己的特点。相对于大家的清晰规划，我想在大学期间多尝试不同方向的职业，最终确定自己擅长或者喜欢什么，再朝那个方向努力。

黄文旖：我看到新木的方向一直没变，坚持自己的使命和建立的初衷，以后有机会还想回到新木。“责任、爱心、快乐”是我在新木的宝贵收获，看着一批批优秀的你们加入，我相信新木会越来越好。

钟菲：新木作为初创组织还很年轻，思桐姐、我们、导师前辈们，大家在年龄和心态上都非常年轻，有一腔热血。期待新木把自己打造成一张强大的名片，“队了”小程序做成品牌，链接丰富的资源和慈善活动，与更多高校合作。

曾冰妍：新木的 slogan“因为年轻更要专业”让我记忆深刻，有一股青年人的劲儿。调研项目不断打磨修改，体现了新木的初衷和愿景，发挥专业能力让产出落到实处，带来更大的效用。希望随着新木的发展，更多人参与项目，也希望新木高校青年系列调研持续开展，传达青年心声，培养青年公益力量。

李佳欣：新木从第一届到第二届在慢慢发展，像是一只雏鹰。在青年咨询这个领域，希望新木有一天成为引领者，被更多人熟知。

卢婉婷：新木虽是企业，但它以公益为导向，这种形式比较创新。新木的项目类型多样化，吸纳具有不同才能的年轻人加入，大家本身也是创新活力比较强的一群人。目前志愿者发展到第三届，未来还会有更多人把过往的经验沉淀传承下去。你们作为新一届志愿者，希望可以在这一届项目里坚持下来，不断尝试，总结经验，做出成效，我相信这段履历会在后期给你们带来正向的价值。我也期待未来回归新木，和大家一起实现愿景。

后面的话：2021 年“队了”项目组继续完善产品原型设计和开发，“队了”小程序于当年 12 月上线运行，后期因技术故障未能修复暂停运营。这是新木第一次涉足产品领域，完整经历从 0 到 1 的过程，也深刻意识到从“做出产品”到“做好产品”有很长的路要走。相比以往项目，“队了”项目可以算是失败，至少不那么成功，这段认可与否定交织的经历，是新木宝贵的财富，支持着新木青年们继续在不确定性的时代加固心锚，拨开外界的迷雾，向内找答案。

参考资料

[1]新木·2020 深圳高校青年公益实践调研报告。

[2]新木·2021 深圳高校青年社会创业白皮书。

[3]新木·2022 深圳高校青年公益人才发展需求调研白皮书。

[4]新木·2023 港澳高校青年公益实践调研白皮书。